vive le français!
HORIZONS

2

G. Robert McConnell
Coordinator of Modern Languages
Scarborough Board of Education
Scarborough, Ontario

Rosemarie Giroux Collins
Wellington County
Board of Education
Guelph, Ontario

Addison-Wesley Publishers
Don Mills, Ontario · Reading, Massachusetts
Menlo Park, California · Wokingham, Berkshire · Amsterdam · Sydney

Design and Illustration
  Pronk & Associates
Illustrators
  Graham Bardell, Scott Caple, Ian Carr,
  Greg Furmanczyk, Peter Grau,
  Vesna Krystanovich, Paul McCusker, Bill Payne,
  Steve Pilcher, Martin Springette, Mark Summers

Cover Illustration
  Mark Summers

Project Editors
  Joyce A. Funamoto, Karen Linnett, Jane McNulty

Printed and bound in Canada

ISBN 0-201-17946-6

K J I H G - BP - 94 93 92 91 90

table des matières

5

Voici Québec!...

A près une visite intéressante à la ville de Québec avec sa classe de français, Richard montre ses photos à sa soeur Aline.

2

RICHARD – Ici, nous dînons Aux Anciens
Canadiens.
ALINE – C'est très joli!
RICHARD – Et très bon, aussi! La tourtière
est délicieuse!

1

ALINE – Oh là là! Qu'est-ce que c'est?
RICHARD – Ça, c'est l'hôtel, le Château
Frontenac.
ALINE – Il est grand!
RICHARD – Et très beau aussi!
ALINE – Tiens! Qui est-ce?
RICHARD – Ça, c'est Marc!

3

RICHARD – Voici une photo des Plaines
d'Abraham.
ALINE – Et ça, c'est le fleuve Saint-
Laurent, n'est-ce pas?
RICHARD – Bien sûr!

4

ALINE – Oh! Regarde Marc!

RICHARD – Oui.... et la statue de Samuel de Champlain!

6

ALINE – Ah, voilà Marc encore!

RICHARD – Oui, oui, c'est encore Marc! Nous sommes sur la Place-Royale.

5

RICHARD – Voici mes amis dans la rue du Trésor. Ils parlent avec les artistes.

ALINE – Mais où est Marc?

RICHARD – Alors, Aline, qu'est-ce que tu aimes à Québec? Le Château Frontenac? La Place-Royale?...

ALINE – Moi, j'aime Marc! Il est drôle!

RICHARD – Marc?!! Il n'est pas drôle; il est fou!

quelles belles photos!

Comment est Richard?
Il est beau, grand, intelligent et très sympa.
Il est canadien.

Comment est Aline?
Elle est belle, grande, intelligente et très sympa.
Elle est canadienne.

vocabulaire

masculin

le fleuve Saint-Laurent	*Saint Lawrence River*
un hôtel	*hotel*

féminin

une photo	*photo*
les Plaines d'Abraham	*Plains of Abraham*
une statue	*statue*
une tourtière	*meat pie*
une ville	*city*
une visite	*visit*

verbe

dîner	*to have dinner*

adjectifs

beau, belle	*beautiful, pretty, handsome*
bon, bonne	*good*
canadien, canadienne	*Canadian*
délicieux, délicieuse	*delicious*
fou, folle	*crazy*
intelligent, intelligente	*intelligent*
intéressant, intéressante	*interesting*
joli, jolie	*pretty*

expressions

encore	*again*
tiens!	*hey! look!*

je comprends!

vrai ou faux?

1. Richard montre ses photos de Montréal.
2. Le Château Frontenac est un restaurant.
3. Richard adore la tourtière.
4. Le Saint-Laurent est un fleuve.
5. Aline n'aime pas Marc.

questions

1. À qui est-ce que Richard montre ses photos?
2. Où est-ce que les élèves dînent?
3. Comment est la tourtière?
4. Où est-ce que les élèves parlent avec les artistes?
5. Comment est Marc?

entre nous

1. Est-ce que ta ville est intéressante? Pourquoi?
2. Quel est ton restaurant favori? Pourquoi?
3. D'habitude, à quelle heure est-ce que tu dînes?
4. Comment es-tu? (trois adjectifs)
5. Est-ce que tu as un(e) ami(e) drôle? Qui est-ce?

je prononce bien!

A mais oui! ●●

Prononce les mots!

1. oui
2. week-end
3. chouette
4. ouest
5. Louise
6. jouer
7. sandwich
8. western

B toi et moi! ●●

Prononce les phrases!

1. Bonsoir, mademoiselle!
2. Voilà trois voitures noires!
3. Il fait froid.
4. Voici Benoît et Françoise!
5. Pourquoi est-ce qu'Antoine est chez toi?

MOI, JE M'APPELLE MAX. JE SUIS TRÈS BEAU ET TRÈS INTELLIGENT!

j'observe!

les adjectifs réguliers

masculin	
singulier	**pluriel**
Il est grand.	Ils sont grand<u>s</u>.
Le stéréo est cassé.	Les stéréos sont cass<u>é</u><u>s</u>.
Le chandail est gris.	Les chandails sont gris.
Il est malade.	Ils sont malade<u>s</u>.
C'est un chien brun.	Ce sont* des chiens brun<u>s</u>.

les adjectifs irréguliers

masculin	
singulier	**pluriel**
Il est beau.	Ils sont beau<u>x</u>.
Le livre est blanc.	Les livres sont blanc<u>s</u>.
Le match est bon.	Les matchs sont bon<u>s</u>.
Il est canadien.	Ils sont canadien<u>s</u>.
Le gâteau est délicieux.	Les gâteaux sont délicieux.
Voilà mon disque favori.	Voilà mes disques favori<u>s</u>.
Il est fou.	Ils sont fou<u>s</u>.

attention!

Il est sympa.	Ils sont sympa.
Il est sensass.	Ils sont sensass.

attention à la prononciation!

brun, brune	intelligent, intelligente
content, contente	intéressant, intéressante
fort, forte	petit, petite
grand, grande	vert, verte
gris, grise	

attention!

singulier	**pluriel**
C'est un chien brun.	<u>C'est</u> des chiens bruns.
	<u>Ce sont</u> des chiens bruns.

Au pluriel, les deux formes (*c'est* et *ce sont*) sont correctes.
La forme *c'est* est plus populaire dans la langue parlée.

---

féminin

singulier

Elle est grand<u>e</u>.
La radio est cassé<u>e</u>.
La jupe est gris<u>e</u>.
Elle est malad<u>e</u>.
C'est une souris brun<u>e</u>.

pluriel

Elles sont grande<u>s</u>.
Les radios sont cassée<u>s</u>.
Les jupes sont grise<u>s</u>.
Elles sont malade<u>s</u>.
Ce sont des souris brune<u>s</u>.

---

féminin

singulier

Elle est <u>belle</u>.
La craie est <u>blanche</u>.
La photo est <u>bonne</u>.
Elle est <u>canadienne</u>.
La pizza est <u>délicieuse</u>.
Voilà ma cassette <u>favorite</u>.
Elle est <u>folle</u>.

Elle est sympa.
Elle est sensass.

pluriel

Elles sont belle<u>s</u>.
Les craies sont blanche<u>s</u>.
Les photos sont bonne<u>s</u>.
Elles sont canadienne<u>s</u>.
Les pizzas sont délicieuse<u>s</u>.
Voilà mes cassettes favorite<u>s</u>.
Elles sont folle<u>s</u>.

Elles sont sympa.
Elles sont sensass.

mini-dialogues

A   les photos ●●

–Tiens! Voici une photo de **mon frère**.
–Il est beau!
–Oui, il est beau, grand et très intelligent!

1. ma soeur   4. mon ami
2. mon père   5. mon amie
3. ma mère

B   j'adore ça! ●●

–Tu aimes **la voiture de sport**?
–Ah oui, elle est **belle**!

1. le restaurant *Chez André* / joli
2. ma chambre / beau
3. la glace / bon
4. les tourtières / délicieux
5. les photos / bon
6. tes profs / sympa

allons-y!

A que c'est beau!

Fais des descriptions. Utilise la forme correcte de
l'adjectif *beau*!

1. ▶ *La maison est belle!*

2.

3.

4.

5.

6.

B bon appétit!

Fais des dialogues. Utilise la forme correcte
des adjectifs *bon* et *délicieux*!

1. ▶ *–Est-ce que la glace est bonne?*
   –Ah oui, elle est délicieuse!

2.

3.

4.

5.

6.

C vive les adjectifs!

C'est quelle forme de l'adjectif?

1. beau: Le garçon est **beau**.
   La fille est **belle**.
2. canadien: C'est un film ... .
   C'est une émission ... .
3. favori: C'est mon sport ... .
   C'est ma photo ... .
4. blanc: La maison est ... .
   L'hôtel est ... .
5. fort: Mon père est ... .
   Mes soeurs sont ... .
6. fou: Ton amie est ... .
   Tes frères sont ... .
7. intelligent: C'est une question ... .
   C'est une réponse ... .
8. bon: Le dîner est ... .
   La salade est ... .
9. intéressant: Les magazines sont ... .
   Les photos sont ... .
10. beau: Le salon est ... .
    Les chambres sont ... .

D les substitutions

1. C'est un **livre** canadien.   (équipe, fleuve,
   hôtel, banque)
2. Votre **père** est très intelligent.   (mère,
   directeur, amie, frère)
3. La **chambre** est petite.   (cuisine, restaurant,
   voiture, hôtel)
4. Les **biscuits** sont délicieux.   (pizzas,
   desserts, pommes de terre, sandwichs)
5. Les **avions** sont beaux.   (villes, fleuves,
   jeans, statues)
6. Ce sont des **films** intéressants.   (magazines,
   photos, livres, villes)

E quel adjectif? quelle forme?

1. Les hôtels à Québec sont très (content /
   beau).
2. Le fleuve Saint-Laurent est très (grand /
   fatigué).
3. Les photos sont (malade / intéressant).
4. –Elles sont de Winnipeg?
   –Oui, elles sont (favori / canadien).
5. –Tu aimes Québec?
   –Oui, c'est ma ville (favori / cassé)!
6. Le déjeuner est (pénible / délicieux)!
7. Je n'aime pas *Les Maniaques*! Ils sont (bon /
   horrible)!
8. Ta composition est très (délicieux / bon).

F la création des phrases!

Complète chaque phrase avec *deux* adjectifs!

1. Je suis ... et ... .
2. Mes amis sont ... et ... .
3. Ma maison (Mon appartement) est ... et ... .
4. Ma ville est ... et ... .
5. Notre voiture est ... et ... .
6. Mon prof de français est ... et ... !

bon voyage!

A l'album de photos

Fais une description de la personne sur chaque photo!

1. ▶ *Henri est grand.*
   Il a les cheveux blonds.
   Il a les cheveux bouclés.
   Il porte des lunettes.
   Il porte des jeans noirs et une chemise rouge.

1. Henri

2. Tante Julie

3. Oncle Antoine

4. Jacqueline

petit vocabulaire

une barbe	*beard*
chauve	*bald*
les cheveux bouclés	*curly hair*
les cheveux lisses	*straight hair*
des lunettes (f.)	*glasses*
une moustache	*moustache*
un oncle	*uncle*
une tante	*aunt*

Maintenant, fais une description de toi et de ton ami(e)!

B les nationalités et les langues

la nationalité	la langue
allemand, allemande	l'allemand
anglais, anglaise	l'anglais
chinois, chinoise	le chinois
espagnol, espagnole	l'espagnol
français, française	le français
grec, grecque	le grec
italien, italienne	l'italien
japonais, japonaise	le japonais
portugais, portugaise	le portugais
russe, russe	le russe

1. Maria est de Madrid. Elle *est espagnole, alors elle parle espagnol*.
2. Klaus est de Hambourg. Il *est allemand, alors il parle allemand*.
3. Sergio est de Rome. Il …
4. Nadia est de Moscou. Elle …
5. Melina est d'Athènes. Elle …
6. Stephen est de Londres. Il …
7. Mlle Lee est de Hong Kong. Elle …
8. M. Tanaka est de Tokyo. Il …
9. Fatima est de Lisbonne. Elle …
10. Mme Bovary est de Paris. Elle …

C toi et moi!

l'agence de voyages

Un client entre dans une agence de voyages. L'employé(e) propose des vacances dans la ville de Québec. Tu joues le rôle du client. Un(e) partenaire joue le rôle de l'employé(e). Après, changez de rôles!

CLIENT – Comment est la ville de Québec?

EMPLOYÉ – …

CLIENT – Pourquoi est-ce que la ville est intéressante?

EMPLOYÉ – …

CLIENT – Quel temps fait-il à Québec en septembre?

EMPLOYÉ – …

CLIENT – Il y a un hôtel confortable?

EMPLOYÉ – …

CLIENT – Est-ce qu'il est petit ou grand?

EMPLOYÉ – …

CLIENT – Est-ce qu'il y a un restaurant près de l'hôtel? Moi, j'adore la tourtière!

EMPLOYÉ – …

CLIENT – Et comment est la tourtière?

EMPLOYÉ – …

CLIENT – Formidable! C'est combien, deux billets d'avion?

VOYAGE À UNE PLANÈTE INCONNUE

La planète Terre. L'an 2300.

Martine et Louis Ferland admirent le nouveau modèle d'un astronef interplanétaire. C'est une invention de leurs parents.

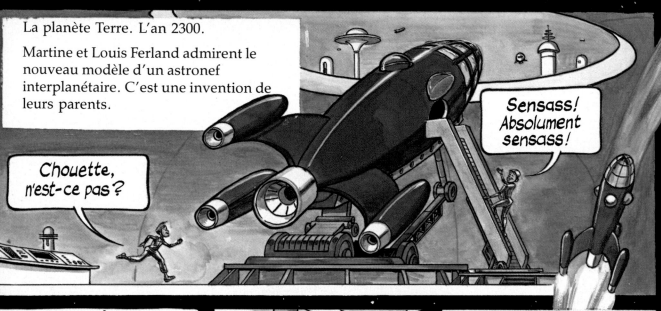

Sensass! Absolument sensass!

Chouette, n'est-ce pas?

Louis! Tu es fou?! Ne touche pas ces boutons!

Oh là là !

L'astronef monte… monte… monte! L'accélération est incroyable!

Après un voyage rapide dans l'hyperespace, l'astronef s'écrase sur une planète inconnue!

Où sommes-nous?

Qui êtes-vous?

Moi, je m'appelle Louis. Ma sœur, c'est Martine. Nous sommes de la planète Terre.

Ils ne parlent pas français!

Alors, comment communiquer?

Et comment retourner à la Terre?

à suivre...

petit vocabulaire

à suivre	to be continued
absolument	absolutely
l'an 2300 (deux mil trois cents)	the year 2300
un astronef	spaceship
un bouton	button
ces	these, those
communiquer	to communicate
s'écraser	to crash
l'hyperespace (m.)	hyperspace
inconnue	unknown
monter	to go up, to climb
nouveau	new
retourner	to return
la Terre	Earth

vrai ou faux?

1. C'est l'an 2300.
2. Martine et Louis habitent la planète Mars.
3. Ils admirent un avion.
4. C'est leur invention.
5. Louis touche des boutons.
6. L'astronef monte dans l'hyperespace.
7. L'astronef s'écrase sur la planète Terre.
8. Les petites créatures parlent français.

vive la différence!

français	anglais
interplanétaire	interplanetary
salaire	?
ordinaire	?

l'explosion des mots!

un avion

un astronef

un jet

une fusée

un hélicoptère

La Nouvelle-France

Jacques Cartier
Le Premier Voyage
1534

Saint-Malo, France. En avril, Cartier quitte la France avec deux navires. Il cherche une route vers l'Orient et des richesses pour le roi François 1er.

2. Terre-Neuve. Trois semaines plus tard. Les Français attrapent beaucoup de poissons! Cartier fait des cartes de la région.

3. Le golfe du Saint-Laurent.
   Des Iroquois arrivent avec des fourrures magnifiques!
   Ils font des échanges avec les Français.
   Cartier rencontre le chef iroquois Donnaconé.

4. La péninsule de Gaspé.
   Les Français érigent
   une croix en
   l'honneur du roi.

L'ÎLE
D'ANTICOSTI

LA PÉNINSULE
DE GASPÉ

LE GOLFE
DU SAINT-LAURENT

TERRE-
NEUVE

STADACONÉ
(QUÉBEC)

HOCHELAGA
(MONTRÉAL)

LE NOUVEAU-
BRUNSWICK

ATLANTIQUE

L'OCÉAN

----------- 1534

5. Près de l'île
   d'Anticosti.
   En août, Cartier
   décide de rentrer en
   France avant l'hiver.

je me souviens!

les verbes en -er

le verbe *parler*

à l'affirmative	à la négative
je parle	je ne parle pas
tu parles	tu ne parles pas
il parle	il ne parle pas
elle parle	elle ne parle pas
nous parlons	nous ne parlons pas
vous parlez	vous ne parlez pas
ils parlent	ils ne parlent pas
elles parlent	elles ne parlent pas

attention!

J'aime les sports.
Je n'aime pas les sports.

A oui et non!

Réponds à chaque question à l'affirmative et à la négative!

1. Est-ce que tu aimes la tourtière?
   ▶ *Oui, j'aime la tourtière.*
   ▶ *Non, je n'aime pas la tourtière.*
2. Est-ce qu'il montre ses photos à Pierre?
3. Est-ce que tu regardes la télé?
4. Est-ce que vous commandez la pizza?
5. Est-ce qu'elle écoute la radio?
6. Est-ce que les garçons jouent au football?
7. Est-ce que Lise et Claire dînent chez les Dubois?
8. Est-ce que tu collectionnes les timbres?

B quel verbe? quelle forme?

1. Il (téléphoner / montrer) ses photos à son frère.
2. Je ne (regarder / gagner) pas le film.
3. Quand est-ce qu'ils (arriver / ranger) à Vancouver?
4. Nous (étudier / marquer) pour le test de français.
5. Qu'est-ce que vous (rentrer / collectionner)?
6. Où est-ce que tu (dîner / jouer) au soccer?
7. Elle ne (porter / écouter) pas son chapeau.
8. Je n'(habiter / inviter) pas sa soeur à ma party.

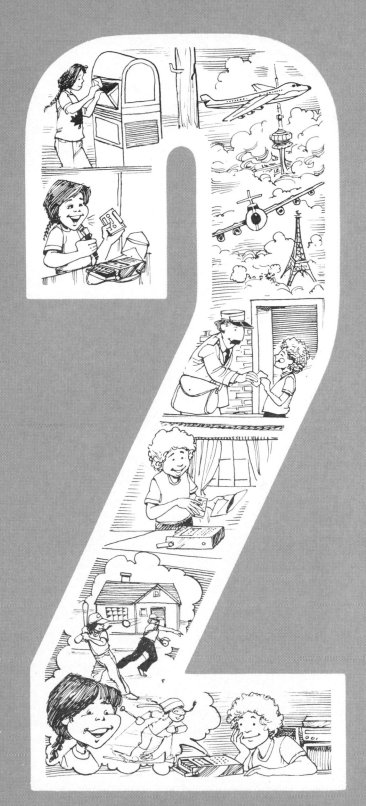

LANGUAGE

- the position of adjectives
- the adjective *premier, première*
- verbs like *manger*

COMMUNICATION

- talking about yourself, where you live and what you like to do

SITUATION

- two pen pals exchanging ''cassette letters''

21

Lettres-cassettes...

Les élèves de l'école Robichaud à Moncton échangent des cassettes avec les élèves de l'école Sacré-Coeur à Timmins.

Salut, Pierrette! Je m'appelle Angèle Boudreau. J'habite à Moncton. C'est ma première lettre sur cassette, alors je suis nerveuse!

Moi, j'ai douze ans. J'habite dans une jolie maison avec mes parents et mon grand frère Lucien. Il a seize ans.

Le Nouveau-Brunswick est une province magnifique! Il y a de belles plages et de grandes forêts! La ville de Moncton est près de l'océan, alors en été je fais souvent de la natation.

Dans notre classe de géographie, nous étudions l'Ontario. C'est une très grande province!

Avec la cassette, il y a une photo de moi avec ma famille. Nous faisons du camping. J'adore ça!

Au revoir, Pierrette!

1. LA COLOMBIE-BRITANNIQUE
2. L'ALBERTA
3. LA SASKATCHEWAN
4. LE MANITOBA
5. L'ONTARIO
6. LE QUÉBEC
7. LE NOUVEAU-BRUNSWICK
8. L'ÎLE-DU-PRINCE-ÉDOUARD
9. LA NOUVELLE-ÉCOSSE
10. TERRE-NEUVE

océan Pacifique

Timmins

Moncton

océan Atlantique

*S*alut, Angèle! Je m'appelle
Pierrette Devreau. Moi aussi, j'ai
douze ans. Merci pour la cassette.
C'est une bonne idée, n'est-ce
pas?
Alors, tu habites près de l'océan.
Tu as de la chance! Tu manges
souvent des fruits de mer?
J'aime Timmins! Il neige
beaucoup en hiver. C'est ma
saison favorite! Je patine et je fais
du ski. En été, moi aussi je fais de
la natation. Nous avons une
piscine derrière notre maison.
Dans ma salle de classe, il y a un
ordinateur. Moi, j'adore ça! Et toi?
Est-ce que tu aimes les
ordinateurs?
Avec la cassette, il y a une photo
de ma famille. Mon petit frère
Albert a huit ans. Le chien
s'appelle Oscar. Il déteste notre
chat Félix!
À la prochaine!

23

les saisons

LE PRINTEMPS

Au printemps, il fait beau. Souvent, il pleut.
Je joue au soccer et au baseball.

L'ÉTÉ

En été, il fait chaud.
Je fais du camping et de la natation.

vocabulaire

masculin

l'automne	*autumn, fall*
l'été	*summer*
les fruits	
de mer	*seafood*
l'hiver	*winter*
le Nouveau-	
Brunswick	*New Brunswick*
un océan	*ocean*
l'Ontario	*Ontario*
un ordinateur	*computer*
le printemps	*spring*

féminin

une famille	*family*
une forêt	*forest*
une idée	*idea*
une lettre	*letter*
une piscine	*swimming pool*
une plage	*beach*
une province	*province*
une saison	*season*

verbes

détester	*to detest,*
	to hate
échanger	*to exchange*
manger	*to eat*
patiner	*to skate*

adjectifs

nerveux,	
nerveuse	*nervous*
premier*,	
première	*first*

*précède le nom

expressions

à la prochaine!	*until next time!*
au printemps	*in (the) spring*
avoir de la	
chance	*to be lucky*
en automne	*in (the) autumn,*
	in (the) fall
en été	*in (the) summer*
en hiver	*in (the) winter*
faire de la	
natation	*to swim*
faire du	
camping	*to camp,*
	to go camping
faire du ski	*to ski,*
	to go skiing

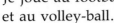

L'AUTOMNE

En automne, il fait frais.
Je joue au football
et au volley-ball.

L'HIVER

En hiver, il fait froid et il neige.
Je patine et je fais du ski.

je comprends!

vrai ou *faux*?

1. Angèle habite à Timmins.
2. C'est sa première lettre sur cassette.
3. Elle a une grande soeur.
4. Moncton est près de l'océan.
5. En été, Angèle fait du ski.

questions

1. Où est-ce que Pierrette habite?
2. Quelle est sa saison favorite?
3. En hiver, quel temps fait-il à Timmins?
4. Qu'est-ce que Pierrette fait en hiver? en été?
5. Qu'est-ce qu'il y a dans sa salle de classe?

entre nous

1. Comment est ta province?
2. En hiver, quel temps fait-il dans ta province?
3. Quelle est ta saison favorite? Pourquoi?

4. Qu'est-ce que tu fais au printemps? en été? en automne? en hiver?
5. Qu'est-ce que tu adores? (deux choses)
6. Qu'est-ce que tu détestes? (deux choses)

je prononce bien!

A   chez Chantal! ••

Prononce chaque phrase!

1. Le chandail et la chemise sont sur la chaise.
2. Bonne chance, Charles!
3. Le chien et le chat sont dans la chambre.
4. Chouette! L'école Champlain gagne le championnat!
5. Tu portes un chapeau? Mais il fait chaud!

B   naturellement! ••

Prononce les mots!

1. an, dans, blanc, quand, anglais, maman, ranger, banque
2. chambre, Adam, Champlain, camping
3. en, cent, parents, sensass, trente, argent, intelligent
4. temps, septembre, novembre, décembre, printemps

j'observe!

la position des adjectifs

D'habitude, les adjectifs suivent le nom:

singulier	pluriel
un ordinateur *formidable*	des ordinateurs *formidables*
une lettre *intéressante*	des lettres *intéressantes*
le livre *français*	les livres *français*
la robe *verte*	les robes *vertes*
l'hôtel *magnifique*	les hôtels *magnifiques*

Mais ces adjectifs précèdent le nom:

singulier	pluriel
le *beau* fleuve	les *beaux* fleuves
la *bonne* idée	les *bonnes* idées
le *grand* restaurant	les *grands* restaurants
le *joli* fleuve	les *jolis* fleuves
la *petite* maison	les *petites* maisons
la *première* lettre	les *premières* lettres

attention!

Compare:

des voitures rapides	*de* belles voitures
des restaurants formidables	*de* bons restaurants
des hôtels confortables	*de* grands hôtels
des chiens bruns	*de* petits chiens

Au pluriel, si l'adjectif précède le nom, utilise *de* au lieu de *des*!

attention!

Compare:

un *beau* fleuve	un *bel* **a**ppartement
un *beau* chat	un *bel* **e**nfant
un *beau* poster	un *bel* **o**rdinateur
un *beau* restaurant	un *bel* **h**ôtel

Si un nom masculin singulier commence avec une voyelle ou avec un «h» muet, utilise *bel*!

l'adjectif *premier, première*

le prem**ier** soir   la prem**ière** lettre

les verbes en *-ger*

manger

je mange*	nous mang**e**ons
tu manges	vous mangez
il mange	ils mangent
elle mange	elles mangent

I eat, I am eating

les verbes comme *manger*: échan**ger**, ran**ger**

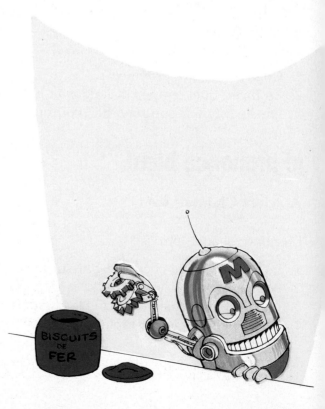

mini-dialogues

A bonne fête! ••

– C'est quand, ton anniversaire?
– C'est **le premier novembre**.
– Alors, c'est en automne.
– C'est ça!

1. le 14 janvier
2. le 6 juillet
3. le 21 avril
4. le 31 octobre
5. le 1er mai
6. le 11 décembre
7. le 27 août
8. le 19 septembre

B ma saison favorite! ••

– **L'hiver**, c'est ma saison favorite!
– Vraiment? Pourquoi?
– En hiver, il **neige**, alors je **fais du ski**!

1. l'automne
   fait frais
   jouer au football
2. l'été
   fait chaud
   faire de la natation
3. le printemps
   fait beau
   faire du camping
4. l'hiver
   fait froid
   patiner

C *aimer* ou *détester*? ••

– Tu aimes **les maths**?
– Ah non! Je n'aime pas ça!
– **Les sciences**?
– Non! Je déteste les sciences!
– **L'histoire**, alors?
– Ah ça, oui! C'est ma **matière** favorite!

1. le football
   le basket-ball
   le hockey
   sport
2. le brun
   le noir
   le rouge
   couleur
3. la géographie
   le dessin
   l'éducation physique
   classe
4. l'automne
   le printemps
   l'été
   saison

D les photos ••

– Voici mes photos de **Moncton**!
– Oh là là! C'est une ville magnifique!
– Ah oui! Et il y a aussi de **bons restaurants**!

1. Québec
   grands hôtels
2. Ottawa
   beaux magasins
3. Vancouver
   jolies plages
4. Paris
   belles statues

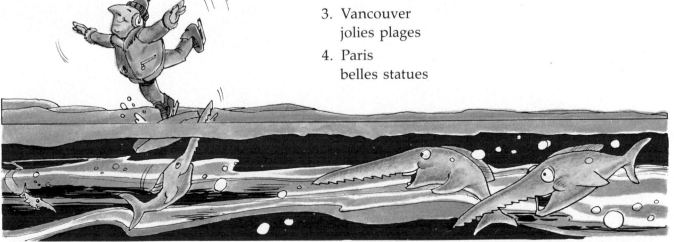

allons-y!

A l'élimination des mots!

Quel mot ne va pas?
1. été, avril, printemps, hiver
2. patiner, faire du ski, jouer au baseball, jouer au hockey
3. fleuve, plage, océan, forêt
4. ordinateur, tourtière, pizza, fruits de mer
5. Toronto, Timmins, Nouveau-Brunswick, Vancouver

B vocabulaire en images

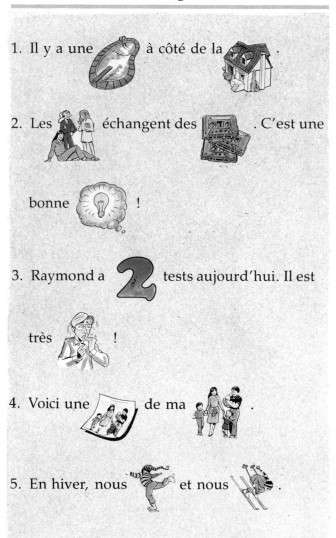

1. Il y a une [image] à côté de la [image].
2. Les [image] échangent des [image]. C'est une bonne [image]!
3. Raymond a [image] tests aujourd'hui. Il est très [image]!
4. Voici une [image] de ma [image].
5. En hiver, nous [image] et nous [image].

C choisis bien!

Est-ce que c'est *beau*, *bel* ou *belle*?

1. ▶ *C'est un bel enfant.*
2.
3.
4.
5.
6.

D j'ai faim!

Fais des phrases avec le verbe *manger*!

1. Angèle … .
2. Je … .
3. Mon frère … .
4. Les enfants … .
5. Tu … .
6. Nous … .
7. Elles … .
8. Vous … .
9. Monique et Pierre … .
10. Le professeur … .

E les adjectifs!

Fais des phrases au singulier et au pluriel!

1. une province: grand
   ▶ *C'est une grande province.*
   ▶ *Ce sont de grandes provinces.*
2. un hôtel: bon
3. une plage: joli
4. une idée: bon
5. un fleuve: grand
6. une famille: petit
7. une auto: beau
8. un appartement: joli

F les substitutions

1. Voilà un joli **restaurant**. (maison, poster, province, plage)
2. C'est ma première **cassette**.   (lettre, visite, photo, match)
3. La **fille** est très nerveuse.   (enfant, garçon, professeur, famille)
4. Dans ma province, il y a de grands **hôtels**.   (fleuves, écoles, forêts, villes)
5. Voilà de beaux **ordinateurs**!   (restaurants, hôtels, enfants, films)

bon voyage!

A Ô Canada!

À chaque capitale, sa province!

1. Toronto? ▶ *l'Ontario*
2. Victoria?
3. Edmonton?
4. Regina?
5. Halifax?

6. St. John's?
7. Québec?
8. Fredericton?
9. Winnipeg?
10. Charlottetown?

B   bienvenue chez moi! ●●

Écoute la composition de Maurice Lalonde. Après, parle de toi et de ta province!

Salut! Je m'appelle Maurice Lalonde. Je suis grand et j'ai les cheveux blonds. Naturellement, je suis très intelligent!
Moi, j'ai douze ans. J'habite dans une jolie maison brune avec mes parents, ma grande soeur Louise et mon petit frère André. Louise a dix-sept ans et André a dix ans.

Ma ville, c'est Sault-Sainte-Marie et ma province, c'est l'Ontario. Sault-Sainte-Marie est une belle ville près du lac Supérieur.
J'aime beaucoup ma ville! En hiver, il neige beaucoup et il fait très froid. C'est ma saison favorite! Je fais du ski et je joue au hockey. L'Ontario est très grand! Il y a de grandes forêts et de beaux lacs. C'est une province magnifique!

C   la poésie

Voici un cinquain.

Ma ville	(un nom)
Grande et belle	(deux adjectifs)
Habiter, jouer, aimer	(trois verbes)
Elle est magnifique!	(une phrase)
Québec	(un synonyme)

Maintenant, compose trois cinquains!
Commence par… a) *Ma province*
b) *Mon ami(e)*   c) *Mon sport favori*

D   toi et moi!

salut, les copains!

Des élèves d'une autre province visitent ton école. Tu es le guide pour un(e) de ces élèves. Tu poses des questions.
Avec un(e) partenaire, jouez les rôles du guide et du visiteur!
Après, changez de rôles!

GUIDE – Salut! Je m'appelle … . Comment t'appelles-tu?
VISITEUR – …
GUIDE – Quel âge as-tu?
VISITEUR – …
GUIDE – Où est-ce que tu habites?
VISITEUR – …
GUIDE – Comment est ta ville?
VISITEUR – …
GUIDE – Comment s'appelle ton école?
VISITEUR – …
GUIDE – Est-ce que tu aimes ton école?
VISITEUR – …
GUIDE – Comment est-elle?
VISITEUR – …
GUIDE – Bienvenue chez nous!

VOYAGE À UNE PLANÈTE INCONNUE

1. Je répète : **Où sommes-nous ?**

C'est impossible, Louis ! Ils ne parlent pas français !

2. Une des petites créatures pousse sur un bouton implanté dans sa main.

C'est un micro-ordinateur !

3.
LANGUE : FRANÇAIS. PLANÈTE : TERRE. CODE : 1Y2ZR

4. Bienvenue à la planète Epsilon !

Salut ! Moi, c'est Grog. Elle, c'est Grig !

Ils programment le code. Maintenant, les créatures parlent français !

5.
Epsilon ? Mais ce n'est pas une planète de notre système solaire !

Qu'est-ce que nous allons faire ? L'astronef est démoli !

Pas de problème !

Nous avons un remplacement !

6. Un remplacement ? C'est impossible !

Oui, cet astronef est très avancé !

Avancé ? ...Vous pensez vraiment ?

Venez avec nous !

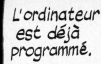

C'est incroyable!

Au revoir!

7.

9.

L'ordinateur est déjà programmé.

Vous poussez sur ce bouton. C'est tout!

8.

10.

Bonjour, maman! Bonjour, papa!

Euh... Le dîner est prêt?

11. FIN

---

petit vocabulaire

avancé	*advanced*
ce (cet)	*this, that*
c'est tout	*that's all*
déjà	*already*
démoli	*demolished*
une langue	*language*
une main	*hand*
pousser	*to push*
prêt	*ready*
qu'est-ce que nous allons faire?	*what are we going to do?*
un remplace-ment	*replacement*
suite et fin	*conclusion*
venez avec nous	*come with us*
vous pensez vraiment?	*do you really think so?*

vrai ou *faux*?

1. Grig pousse sur un bouton implanté dans sa main.
2. C'est un stéréo.
3. Maintenant, Grig et Grog parlent anglais.
4. Louis et Martine sont sur la planète Jupiter.
5. Leur astronef est démoli.
6. Grig et Grog ont un remplacement.
7. Le remplacement n'est pas très avancé.

la famille des mots!

noms	verbes
un programme →	programmer
un voyage ——→	?
un téléphone ——→	?

l'explosion des mots!

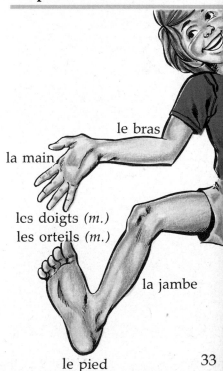

le bras

la main

lcs doigts (*m.*)

les orteils (*m.*)

la jambe

le pied

33

La Nouvelle-France

Jacques Cartier
Le Second Voyage
1535

1. Cartier explore le fleuve Saint-Laurent. Dans le village iroquois de Stadaconé, il parle avec le chef Donnaconé.

2. Près d'Hochelaga, il y a une colline. Cartier nomme la colline « mont-Royal ». Les Français trouvent de l'or… mais c'est de « l'or des fous ».

3. Hochelaga, un village des Hurons.

4. À Stadaconé, l'expédition passe un hiver brutal. Beaucoup de Français sont malades. C'est le scorbut! Heureusement, les Iroquois ont un bon remède.

5. Cartier rentre en France. Il parle au roi François 1er. Parce que le Canada est riche en poissons et en fourrures, Cartier propose une colonie pour la France!

L'ÎLE D'ANTICOSTI

TERRE-NEUVE

LE FLEUVE SAINT-LAURENT

LA PÉNINSULE DE GASPÉ

LE GOLFE DU SAINT-LAURENT

STADACONÉ (QUÉBEC)

HOCHELAGA (MONTRÉAL)

LE NOUVEAU-BRUNSWICK

L'OCÉAN ATLANTIQUE

— · — · — 1535-6

je me souviens!

le verbe *avoir*

à l'affirmative

j'ai	nous avons
tu as	vous avez
il a	ils ont
elle a	elles ont

à la négative

je n'ai pas	nous n'avons pas
tu n'as pas	vous n'avez pas
il n'a pas	ils n'ont pas
elle n'a pas	elles n'ont pas

il y a ——————————→ il n'y a pas

la négation *ne ... pas de (d')*

phrases affirmatives	phrases négatives
Paul a un frère. ——————→	Paul n'a pas de frère.
Tu as un cyclomoteur. ——————→	Tu n'as pas de cyclomoteur.
Il y a une comédie à —————→ la télé.	Il n'y a pas de comédie à la télé.
Les Dubé ont une piscine. →	Les Dubé n'ont pas de piscine.
Vous avez des devoirs. ——————→	Vous n'avez pas de devoirs.
Il y a des oignons dans —————→ la soupe.	Il n'y a pas d'oignons dans la soupe.

un fleuve ——————→	pas de fleuve
un ordinateur ——→	pas d'ordinateur
une plage ——————→	pas de plage
une auto ——————→	pas d'auto
des forêts ——————→	pas de forêts
des enfants ——————→	pas d'enfants

A au contraire!

1. Pauline a une bicyclette, mais Janine *n'a pas de bicyclette*.
2. Les Devreau ont un chien, mais les Boudreau … .
3. Nous avons une voiture de sport, mais vous … .
4. J'ai des cassettes, mais mes amis … .
5. Vous avez une auto, mais nous … .
6. Lise a des photos, mais je … .
7. Ils ont un match ce soir, mais tu … .
8. Dans mon école, il y a une cafétéria, mais dans ton école, … .
9. Dans notre ville, il y a des statues, mais dans sa ville, … .
10. Derrière notre maison, il y a une piscine, mais derrière leur maison, … .

B oui ou non?

Réponds à chaque question par une phrase complète!

1. Est-ce qu'il y a des fruits de mer dans l'océan?
2. Est-ce qu'il y a des plages dans la forêt?
3. Est-ce qu'il y a un ordinateur dans ta salle de classe?
4. Est-ce qu'il y a une piscine dans ton école?
5. Est-ce qu'il y a un océan près de ta ville?
6. Est-ce qu'il y a des insectes dans ton pupitre?

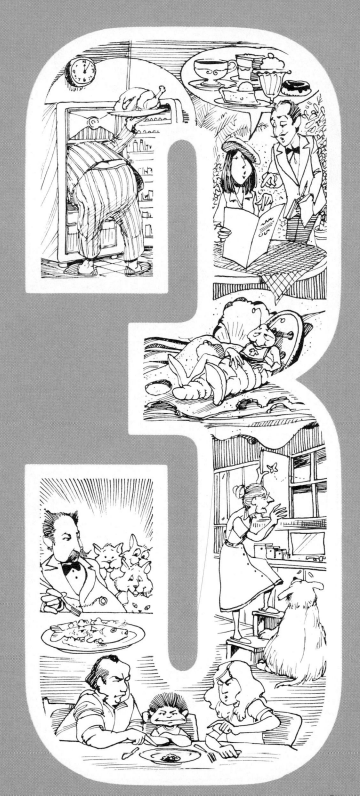

Ça, c'est le comble!

C'est vendredi soir. Marcel et son copain François travaillent dans un supermarché. Après, ils rentrent chez Marcel pour un goûter.

1. MARCEL – Moi, j'ai faim! Et toi?
   FRANÇOIS – Et comment!
   MARCEL – Bon, je fais une pizza!
   FRANÇOIS – Une pizza? Toi? Tu plaisantes!
   MARCEL – Pas du tout! Ce n'est pas difficile!
   FRANÇOIS – Alors, vas-y!

2. MARCEL – Eh bien, qu'est-ce que tu aimes sur ta pizza?
   FRANÇOIS – Du pepperoni, des champignons, et, bien sûr, du fromage!

3. MARCEL – D'accord. Voici le pepperoni, ...les champignons, et... Ah, zut!
   FRANÇOIS – Quoi?
   MARCEL – Il n'y a pas de fromage!
   FRANÇOIS – Mais une pizza sans fromage, ce n'est pas une pizza!

MARCEL – Tu as raison. Des sandwichs, alors? Il y a du rosbif dans le frigo.

FRANÇOIS – Bonne idée! Pour moi, trois sandwichs… avec de la mayonnaise!

MARCEL – …Zut! Il n'y a pas de mayonnaise!

FRANÇOIS – Alors, il y a de la moutarde?

MARCEL – Oui, oui!

5.

FRANÇOIS – Bon! Où est le pain?

MARCEL – Là, sur le comptoir.

FRANÇOIS – …Ah non! Il n'y a pas de pain!

MARCEL – Ça, c'est le comble!

6.

FRANÇOIS – Mais Marcel, à qui est-ce que tu téléphones?

MARCEL – Allô? Pizzeria Roma…?

39

un sandwich délicieux!

du pain
de la viande
du fromage
de la tomate
de l'oignon
de la laitue
de la mayonnaise

vocabulaire

masculin

un champignon	*mushroom*
un comptoir	*counter*
un copain	*friend, pal*
un frigo	*refrigerator*
un goûter	*snack*
le pain	*bread*
le pepperoni	*pepperoni*
le rosbif	*roast beef*
un sandwich sous-marin	*submarine sandwich*

féminin

une copine	*friend, pal*
la laitue	*lettuce*
la mayonnaise	*mayonnaise*
une pizzeria	*pizzeria*
la tomate	*tomato*
la viande	*meat*

verbe

travailler	*to work*

adjectif

difficile	*difficult, hard*

préposition

sans	*without*

expressions

avoir raison	*to be right*
ça, c'est le comble!	*that does it!*
	that's the last straw!
eh bien	*well then*
et comment!	*and how!*
pas du tout!	*not at all!*
quoi?	*what?*
tu plaisantes!	*you're kidding!*
vas-y!	*go ahead!*

40

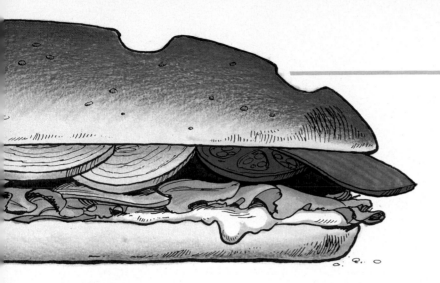

...Et voilà! Un sandwich sous-marin!

je comprends!

à compléter...

1. Marcel et François rentrent chez ... .
2. Ils ont ... .
3. Il n'y a pas de ... pour la pizza.
4. Il n'y a pas de ... pour les sandwichs.
5. Marcel commande une ... .

questions

1. Où est-ce que Marcel et François travaillent?
2. Qu'est-ce que François aime sur sa pizza?
3. Qu'est-ce qu'il y a dans le frigo?
4. Qu'est-ce que François aime sur son rosbif?
5. D'habitude, où est le pain?

entre nous

1. Comment s'appelle ta pizzeria favorite?
2. Quel est le numéro de téléphone de ta pizzeria favorite?
3. Qu'est-ce que tu aimes mieux sur ton rosbif, de la moutarde ou de la mayonnaise?
4. Qu'est-ce que tu aimes comme goûter?
5. Qu'est-ce que tu aimes sur ta pizza? dans ton hamburger? dans ton sandwich sous-marin? dans ta salade?

je prononce bien!

A   c'est ça! ●●

Prononce chaque mot!

1. cent cinq
2. céréales
3. cinéma
4. océan
5. délicieux
6. bicyclette
7. sciences
8. garçon
9. français
10. piscine
11. sans
12. professeur
13. autobus
14. possible
15. soixante

B   mon! ton! son! ●●

Prononce chaque phrase!

1. Bonjour, Gaston!
2. Simon et Léon, où sont les garçons?
3. Yvon et Raymond ont un camion confortable.
4. Edmond montre l'avion à madame Vachon.
5. Pardon? Il y a combien de noms et de pronoms?

41

j'observe!

la négation *ne ... pas de (d')*

Compare:

un, une, des

Il a un sandwich sous-marin. ⟶ Il n'a pas de sandwich sous-marin.
J'ai un ordinateur. ⟶ Je n'ai pas d'ordinateur.
Nous avons une piscine. ⟶ Nous n'avons pas de piscine.
Ils ont une auto. ⟶ Ils n'ont pas d'auto.
Il y a des biscuits sur la table. ⟶ Il n'y a pas de biscuits sur la table.
Il y a des oignons dans le frigo. ⟶ Il n'y a pas d'oignons dans le frigo.

du, de la, de l'

Il y a du pain sur le comptoir? ⟶ Non, il n'y a pas de pain sur le comptoir.
Il y a du rosbif dans le sandwich? ⟶ Non, il n'y a pas de rosbif dans le sandwich.
Il y a de la moutarde sur la table? ⟶ Non, il n'y a pas de moutarde sur la table.
Il y a de la laitue dans le frigo? ⟶ Non, il n'y a pas de laitue dans le frigo.
Ils ont de l'argent? ⟶ Non, ils n'ont pas d'argent.
Il y a de l'eau dans la piscine? ⟶ Non, il n'y a pas d'eau dans la piscine.

à l'affirmative	à la négative
un sandwich	pas de sandwich
une tourtière	pas de tourtière
des champignons	pas de champignons
du pain	pas de pain
de la moutarde	pas de moutarde
de l'eau	pas d'eau

attention!

Avec le verbe *être*, l'article ne change pas!

C'est un champignon? ⟶ Non, ce n'est pas un champignon.
C'est une tomate? ⟶ Non, ce n'est pas une tomate.
Ce sont des oignons? ⟶ Non, ce ne sont pas des oignons.
C'est du poulet? ⟶ Non, ce n'est pas du poulet.
C'est de la mayonnaise? ⟶ Non, ce n'est pas de la mayonnaise.
C'est de l'eau? ⟶ Non, ce n'est pas de l'eau.

42

mini-dialogues

A   le shopping

– Est-ce qu'il y a **du poulet** dans le frigo?
– Non, il n'y a pas de poulet.

1. du lait
2. du jus
3. du fromage
4. de la laitue
5. de la mayonnaise
6. de la moutarde
7. des tomates
8. des champignons
9. des oignons

B   les options

– Il y a **du pepperoni** pour **la pizza**?
– Non, il n'y a pas de pepperoni, mais il y a **des champignons**.

1. du rosbif
   les sandwichs
   du poulet
2. de la moutarde
   les hamburgers
   du ketchup
3. des oignons
   la salade
   des tomates
4. de la glace
   le dessert
   du gâteau
5. du jus
   le petit déjeuner
   du lait
6. de la mayonnaise
   mon sandwich sous-marin
   de la moutarde

C   ah, zut!

– J'ai faim!
– Moi aussi!
– Bon! Je fais **une pizza**!
– Mais il n'y a pas de **fromage**!
– Ah, zut!

1. des sandwichs
   pain
2. une salade
   laitue
3. des hamburgers
   viande
4. une pizza
   pepperoni

D   regarde le menu!

– Vous désirez?
– De la **soupe**, du **poulet** et du **gâteau**, s'il vous plaît.
– Je regrette, mais nous n'avons pas de soupe.
– Alors, de la **salade**.
– D'accord!

1. salade
   rosbif
   frites
   poulet
2. sandwich
   lait
   gâteau
   hamburger
3. hamburger
   frites
   glace
   gâteau
4. poulet
   gâteau
   jus
   lait

Menu

~~SOUPE~~   ~~SANDWICHS~~
SALADE   GÂTEAU
~~ROSBIF~~   ~~GLACE~~
POULET   LAIT
FRITES   ~~JUS~~
HAMBURGERS

allons-y!

A vocabulaire en images

1. Il y a du et du sur la .

2. Le et la sont dans le .

3. Colette , mais elle n'a pas d' pour un .

4. C'est une formidable! Il y a de la , des , des et des !

5. Pour le dessert, il y a des , du , de la et des .

B *oui* ou *non*?

▶ –Est-ce qu'il y a *de la salade?*
  –*Oui, il y a de la salade.*

▶ –Est-ce qu'il y a *de la soupe?*
  –*Non, il n'y a pas de soupe.*

Le Restaurant «Bon Appétit!»

salade   ~~glace~~
~~soupe~~   gâteau   lait
tourtière   ~~bananes~~   jus
~~poulet~~   fromage   ~~coca~~
~~fruits de mer~~
hamburgers
~~sandwichs~~
frites

C les substitutions

1. Il y a du **lait** dans le frigo. (rosbif, jus, fromage)
2. Est-ce que tu aimes de la **moutarde** dans ton sandwich? (mayonnaise, laitue, viande)
3. Il y a des **frites** pour le dîner. (hamburgers, fruits de mer, pommes de terre)
4. Est-ce que tu as du **pain**? (gâteau, pepperoni, fromage)
5. Nous mangeons de la **pizza**. (salade, tourtière, soupe)
6. Je n'ai pas de **chat**. (chien, piscine, frères, soeurs)

D au contraire!

Mets chaque phrase à la négative!

1. Il a des photos.
   ▶ *Il n'a pas de photos.*
2. C'est une Cadillac.
   ▶ *Ce n'est pas une Cadillac.*
3. Il y a une comédie à la télé.
4. Nous avons des soeurs.
5. J'ai de l'argent.
6. C'est une pizzeria.
7. Vous avez une idée?
8. Ce sont des champignons.
9. Il y a du pain sur le comptoir.
10. C'est un hôtel.

E c'est logique!

Choisis la bonne expression pour chaque phrase!

1. Pierre travaille dans un (champignon/ supermarché).
2. J'aime (de la glace/du fromage) sur ma pizza.
3. Elle ne mange pas d'(oignons/insectes).
4. Nous faisons souvent des (fruits de mer/ goûters).
5. Du (lait/pain), s'il vous plaît! J'ai soif!
6. J'adore les (tourtières/piscines)! Elles sont délicieuses!
7. – Il y a du gâteau sur le comptoir.
   – Merci beaucoup! J'ai (raison/faim)!
8. Zut! Il n'y a pas de (moutarde/ketchup) pour mes frites!

F la création des phrases!

Fais des phrases logiques!

Il y a

dans le frigo.
dans la piscine.
sur la pizza.
sur le comptoir.
dans le sandwich.
dans le hamburger.
pour le dessert.
pour le petit déjeuner.
pour le dîner.
dans la salade.
dans la soupe.
dans la tourtière.
dans la salle de classe.

bon voyage!

A chacun son goûter!

Complète chaque phrase!

1. Sur ma pizza, il y a …, … et … .
2. Dans mon sandwich sous-marin, il y a …, … et … .
3. Dans mon hamburger, il y a …, … et … .
4. Dans ma salade, il y a …, … et … .
5. Pour mon goûter, il y a …, … et … .

B le coin des opinions

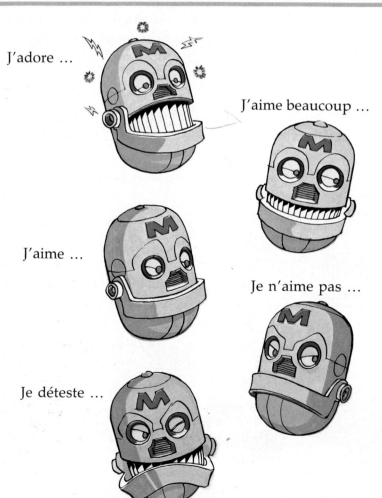

J'adore …

J'aime beaucoup …

J'aime …

Je n'aime pas …

Je déteste …

la pizza.
les salades.
le ski.
l'argent.
l'été.
l'hiver.
les oignons.
les fruits de mer.
les ordinateurs.
les piscines.
les goûters.
le fromage.
les desserts.
la musique classique.
les chiens.
la musique rock.
les champignons.
les tests.
les tourtières.
le pepperoni.

C le Ping-Pong verbal

Choisis une réaction pour chaque situation!

1. «Ah non! Il n'y a pas de rosbif pour les sandwichs!»
2. «Ma copine habite près de l'océan.»
3. «Le test est facile, n'est-ce pas?»
4. «Alors, je fais une pizza?»
5. «Moi, je suis fatigué. Et toi?»
6. «La tourtière est très bonne!»
7. «Paul fait du camping aujourd'hui.»
8. «Tu aimes les sports?»
9. «Vous désirez?»
10. «Regarde! Le chien mange ton gâteau!»

«Bonne idée! J'ai faim!»
«Il est fou? Il neige!»
«Trois sandwichs, s'il vous plaît.»
«Elle a de la chance! Moi, j'adore les plages!»
«Pas du tout! Je déteste ça!»
«Ah non! Ça, c'est le comble!»
«Tu parles! Il y a trente questions!»
«Et comment! Il est minuit!»
«Tu as raison! Elle est délicieuse!»
«Non… mais il y a du poulet.»

D toi et moi!

allô! Pizzeria Roma!

Tu téléphones à la Pizzeria Roma et tu commandes une pizza. Ton (ta) partenaire joue le rôle de l'employé(e).
Faites une conversation téléphonique!
Après, changez de rôles!

– Allô! Pizzeria Roma! Vous désirez?
– …
– Une petite ou une grande?
– …
– Avec des champignons?
– …
– Du pepperoni?
– …
– De l'oignon?
– …
– Très bien. Votre nom et votre adresse, s'il vous plaît.
– …
– Et votre numéro de téléphone?
– …
– Bon! Je suis là dans trente minutes!
– …
– Au revoir!
– …

lisons!

allô! allô!
UNE INTERVIEW AVEC
ALEXANDER GRAHAM BELL

LE JOURNALISTE – Félicitations, monsieur Bell! Votre invention va changer le monde!

M. BELL – Oui,… sans doute…

dring! dring!

LE JOURNALISTE – Imaginez! Quel avancement dans le domaine de la communication! C'est formidable!

M. BELL – Oui, formidable…

LE JOURNALISTE – Le téléphone est un monument à la technologie moderne!

M. BELL – Le téléphone est un monstre!

LE JOURNALISTE – Pardon?

M. BELL – Un monstre! Selon moi, le téléphone est un monstre!

LE JOURNALISTE – Mais, monsieur Bell…

M. BELL – Écoutez! Ça sonne et ça sonne! La concentration est impossible! Le travail est impossible!

LE JOURNALISTE – Euh… oui. Mais, monsieur Bell, considérez les avantages!

48

dring! dring!

M. BELL – Et le bruit… et les interruptions!

LE JOURNALISTE – Mais monsieur Bell, le monde entier acclame votre invention! Vous êtes célèbre!

M. BELL – Célèbre!? Quand je travaille dans mon laboratoire, ça sonne! Quand je dîne avec ma famille, ça sonne! Et quand je prends un bain, ça sonne!

LE JOURNALISTE – Il y a sans doute des problèmes, mais…

dring! dring!

M. BELL – Excusez-moi un moment.

M. BELL – Voilà! Maintenant, continuez, monsieur!

petit vocabulaire

acclamer	*to acclaim, to praise*
un avantage	*advantage*
le bruit	*noise*
ça sonne	*it rings*
célèbre	*famous*
entier	*entire*
félicitations!	*congratulations!*
le monde	*world*
je prends un bain	*I'm taking a bath*
sans doute	*no doubt*
selon	*according to*
le travail	*work*

questions

1. Avec qui est-ce que M. Bell parle?
2. Selon le journaliste, qu'est-ce que l'invention de M. Bell représente?
3. Selon M. Bell, comment est son invention?
4. Qu'est-ce que le téléphone fait toujours?
5. Quand est-ce que le téléphone de M. Bell sonne?

vive la différence!

français	anglais
laborat<u>oire</u>	*laborat<u>ory</u>*
vict<u>oire</u>	?
gl<u>oire</u>	?
territ<u>oire</u>	?

l'explosion des mots!

la communication

une lettre

un télégramme

une carte postale

un téléphone

un ordinateur

une radio

un téléviseur

un satellite de transmission

une antenne parabolique

La Nouvelle-France

Samuel de Champlain
Père de la
Nouvelle-France

1. L'an 1603.
   Champlain arrive en Nouvelle-France avec cent colons. En 1604, dans la région nommée « Acadie », il établit Port-Royal. C'est la première colonie française en Amérique du Nord.
   Mais le fort est trop loin de la route de commerce, le fleuve Saint-Laurent. Alors la traite des fourrures est très difficile!

2. Stadaconé. L'an 1608.
   Champlain construit une grande habitation sur le fleuve Saint-Laurent. Il nomme la colonie « Québec ».
   La colonie commence à prospérer. La traite des fourrures est un grand succès. La terre aussi est très fertile.
   La première famille, les Hébert, arrive en 1617.

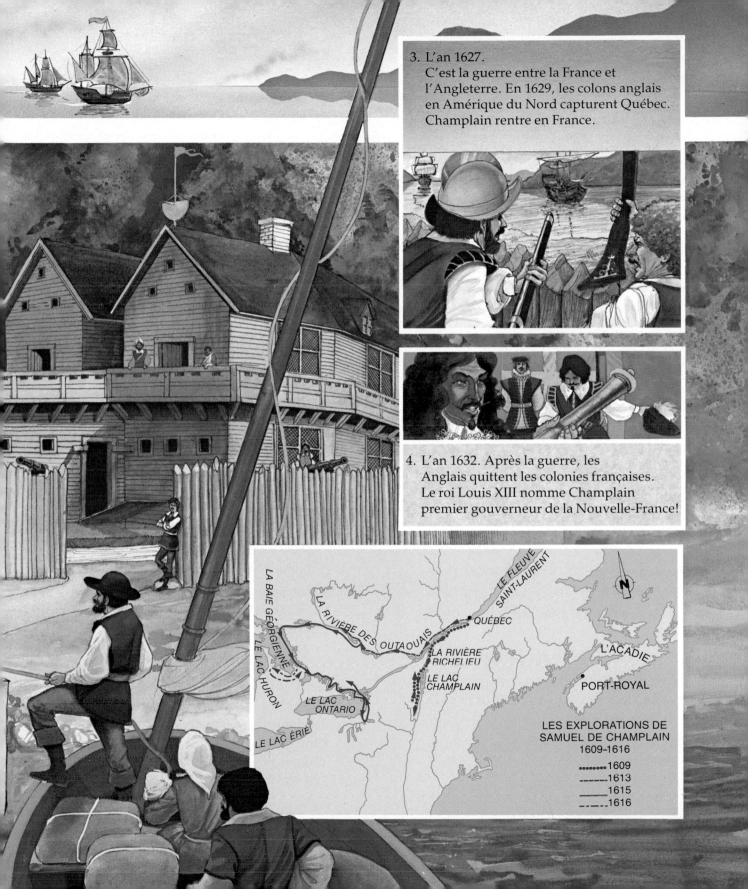

3. L'an 1627.
C'est la guerre entre la France et l'Angleterre. En 1629, les colons anglais en Amérique du Nord capturent Québec. Champlain rentre en France.

4. L'an 1632. Après la guerre, les Anglais quittent les colonies françaises. Le roi Louis XIII nomme Champlain premier gouverneur de la Nouvelle-France!

LA BAIE GÉORGIENNE

LA RIVIÈRE DES OUTAOUAIS

LE FLEUVE SAINT-LAURENT

QUÉBEC

LA RIVIÈRE RICHELIEU

LE LAC CHAMPLAIN

L'ACADIE

PORT-ROYAL

LE LAC HURON

LE LAC ONTARIO

LE LAC ÉRIÉ

N

LES EXPLORATIONS DE SAMUEL DE CHAMPLAIN
1609–1616

•••••••• 1609
-------- 1613
_____ 1615
- - - - - 1616

je me souviens!

l'article défini *(le, la, l', les)*

singulier		pluriel	
masculin	**féminin**	**masculin**	**féminin**
le garçon	**la** fille	**les** garçons	**les** filles
le fleuve	**la** forêt	**les** fleuves	**les** forêts
l'ami	**l'**amie	**les** amis	**les** amies
l'employé	**l'**employée	**les** employés	**les** employées
l'insecte	**l'**interview	**les** insectes	**les** interviews
l'hôtel	**l'**heure	**les** hôtels	**les** heures

choisis bien!

Est-ce que c'est *le, la, l'* ou *les*?

1. … restaurant est à côté de … hôtel.
2. Je n'aime pas … copains pénibles.
3. … pain est sur … comptoir.
4. … mayonnaise et … rosbif sont dans … frigo.
5. – Où est … statue de Samuel de Champlain?
   – Dans … ville de Québec.
6. … idées de Marc sont très bonnes.
7. – Qui a … photos de … élève?
   – … directrice.
8. – Où est … stade?
   – Dans … rue Belair.

la préposition *à*

– <u>À</u> qui est-ce que tu téléphones?
– Je téléphone <u>à</u> Paul.

– <u>À</u> qui est-ce qu'il montre ses photos?
– <u>À</u> M. Levert.

– <u>À</u> qui est-ce que vous parlez?
– <u>À</u> notre professeur.

– <u>À</u> quelle heure est-ce qu'ils arrivent?
– Ils arrivent <u>à</u> midi.

– Où est-ce que tu habites?
– J'habite <u>à</u> Moncton.

les questions!

Réponds à chaque question!

1. Où est-ce que tu habites?
2. À quelle heure est-ce que tu rentres après les classes?
3. À quelle heure est-ce que tu arrives à l'école?
4. D'habitude, à qui est-ce que tu téléphones?
5. Si tu as un problème, à qui est-ce que tu parles?
6. D'habitude, à quelle heure est-ce que tu dînes?
7. Où est le Château Frontenac?
8. Où est la tour Eiffel? la tour CN?

A les associations

Quelles idées vont ensemble?

1. **des fruits de mer**	le printemps
2. une piscine	de la viande
3. une saison	Vancouver
4. des parents et des enfants	**l'océan**
5. une tourtière	de la laitue
6. du fromage	l'Ontario
7. une salade	de l'eau
8. une ville	une famille
9. un fleuve	un cheeseburger
10. une province	le Saint-Laurent

B au contraire!

Donne le contraire de chaque mot!

1. blanc ▶ *noir*
2. pénible
3. grand
4. sans
5. facile
6. chaud
7. adorer
8. horrible
9. triste
10. au revoir!

C l'élimination des mots!

Quel mot ne va pas?

1. hiver, printemps, auto, été
2. chaud, blond, froid, frais
3. mayonnaise, moutarde, ketchup, glace
4. goûter, dîner, premier, déjeuner
5. viande, fleuve, océan, piscine
6. bon, bleu, brun, blanc

D les couleurs

De quelle couleur est/sont…

1. une tomate?
2. les bananes?
3. le rosbif?
4. le lait?
5. le ketchup?
6. la laitue?
7. ton frigo?
8. ta maison?
9. ta bicyclette?
10. tes cheveux?
11. tes yeux?
12. ton livre de français?

E vive les adjectifs!

Fais des phrases. Utilise chaque adjectif au singulier et au pluriel! Attention à la forme et à la position!

1. une ville: grand, beau, canadien
   ▶ *C'est une grande ville.*
      Ce sont de grandes villes.
   ▶ *C'est une belle ville.*
      Ce sont de belles villes.
   ▶ *C'est une ville canadienne.*
      Ce sont des villes canadiennes.
2. un goûter: formidable, grand, délicieux
3. une idée: intelligent, fou, bon
4. une auto: joli, rapide, petit
5. un hôtel: beau, confortable, sensass
6. un ordinateur: canadien, grand, beau

F des exemples, s'il te plaît!

1. une voiture rapide
2. une belle saison
3. une grande ville
4. un dessert délicieux
5. un joli restaurant
6. une ville canadienne
7. une bonne école
8. un grand garçon
9. une petite fille
10. une pizzeria formidable

G les conversations

Fais des conversations!

▶ – J'ai faim et j'ai soif!
  Qu'est-ce qu'il y a
  pour un goûter?
  – Eh bien, il y a *des biscuits*
  et *du lait*.

un	
une	pizza, rosbif, sandwichs, jus,
des	glace, poulet, salade, lait,
du	gâteau, tourtière, viande,
de la	coca, eau, biscuits
de l'	

H oui et non!

Réponds à l'affirmative et à la négative!

1. Est-ce que Paul a un frère?
   ▶ *Oui, il a un frère.*
   ▶ *Non, il n'a pas de frère.*
2. Est-ce que tu as une photo de l'équipe?
3. Est-ce que Lise a des cassettes?
4. Est-ce qu'il a des idées?
5. Est-ce qu'il y a du pain?
6. Est-ce qu'il y a de la mayonnaise?
7. Est-ce que tu as de l'argent?
8. Est-ce qu'il y a des oignons dans la salade?

I ça, c'est le comble!

Complète chaque phrase à la négative. Utilise le verbe *avoir*!

1. (un billet) Il y a un concert ce soir, mais Paul *n'a pas de billet*.
2. (du pain) Les garçons font des sandwichs, mais ils … .
3. (de l'argent) Elles ont faim, mais elles … .
4. (un stylo) J'ai un test, mais je … .
5. (une piscine) Il fait chaud, mais nous … .
6. (de la laitue) Elle fait une salade, mais elle … .
7. (un stéréo) Ils adorent la musique, mais ils … .
8. (du fromage) Les filles font une pizza, mais elles … .
9. (une auto) M. Leriche a une auto, mais M. Dupont … .
10. (des copains) Il a de l'argent, mais il … .

55

Le Cadeau-surprise!

Boulangerie

SPORTS

GABRIELLE – Voilà! C'est tout!

MICHEL – Bon! Maintenant pour le cadeau de papa!

GABRIELLE – C'est ça! Tu as une idée?

MICHEL – Bien sûr! Une raquette de tennis!

GABRIELLE – Tu es fou? Papa ne joue pas au tennis!

MICHEL – Non, mais moi, je joue au tennis!

1. Gabrielle et son frère Michel sont au Centre Desjardins, un grand centre d'achats à Montréal. Aujourd'hui, c'est l'anniversaire de leur père, alors ils cherchent un cadeau. Mais d'abord, ils font des achats à l'épicerie et à la boulangerie.

Chocolats

GABRIELLE – Imbécile! Tu as d'autres idées?

MICHEL – Mais naturellement! Des chocolats!

GABRIELLE – Tu es pénible! Papa n'aime pas les bonbons!

MICHEL – C'est dommage, non? Un disque, alors? …Le nouveau disque de Billy Bizarre!

GABRIELLE – Ça, c'est le comble! Ce n'est pas un cadeau pour toi, Michel!

MICHEL – Bon, bon! Alors, pourquoi pas un livre?

GABRIELLE – Bravo! Enfin, une bonne idée!

À la librairie, un employé montre des livres aux enfants. Enfin, Gabrielle et Michel trouvent un livre formidable! Ils achètent le livre et ils rentrent à la maison.

Après le dîner, ils donnent le cadeau à leur père.

au centre d'achats, il y a...

une banque un bureau de poste une pharmacie un magasin de sports

une boulangerie un supermarché un magasin de disques une épicerie

vocabulaire

masculin

un bonbon	*candy*
un bureau de poste (des bureaux de poste)	*post office*
un cadeau (des cadeaux)	*gift, present*
un centre d'achats	*shopping centre*
un chocolat	*chocolate*
un grand magasin	*department store*
un magasin	*store*
un magasin de disques	*record store*
un magasin de sports	*sporting goods store*

féminin

une boulangerie	*bakery, bake shop*
une épicerie	*grocery store*
une librairie	*book store*
une pharmacie	*drugstore*
une raquette	*racquet*

verbes

acheter	*to buy*
chercher	*to look for*
donner	*to give*
trouver	*to find*

adjectifs

autre*	*other*
nouveau* (nouvel), nouvelle, nouveaux, nouvelles	*new*

expressions

d'abord	*first, first of all*
enfin	*finally, at last*
faire des achats	*to shop, to do some shopping*
imbécile!	*(you) dummy!*
pourquoi pas?	*why not?*

*précède le nom

un grand magasin

un restaurant   et un cinéma!

je comprends!

à compléter...

1. Michel est le ... de Gabrielle.
2. Ils sont au ... .
3. Aujourd'hui, c'est l'... de leur père.
4. Michel a trois idées pour un cadeau: une ... , des ... et un ... .
5. Enfin, ils achètent un ... .

questions

1. Qu'est-ce que Gabrielle et Michel cherchent au Centre Desjardins?
2. D'abord, où est-ce qu'ils font des achats?
3. Pourquoi est-ce qu'une raquette de tennis n'est pas une bonne idée?
4. Où est-ce qu'ils trouvent le livre?
5. Comment s'appelle le livre?

entre nous

1. Comment s'appelle le centre d'achats près de ta maison?
2. D'habitude, où est-ce que tu achètes des cadeaux pour ta famille?
3. Quel est ton grand magasin favori?
4. Où est-ce que tu achètes des livres? des bonbons? des disques? des timbres?
5. Qu'est-ce que tu achètes à la boulangerie? au magasin de sports?

je prononce bien!

A   le Canada et les Canadiens! 👄

Prononce chaque phrase!

1. Carole écoute de la musique dans la cuisine.
2. La Corvette des Leduc est confortable.
3. Colette collectionne les cartes, les cassettes et les disques.
4. Éric a quatre copains canadiens.
5. Comment est-ce que Monique marque cinq buts quand elle joue au soccer?

B   enfin! 👄

Prononce chaque mot!

1. insecte
2. cinq
3. inviter
4. vingt
5. magasin
6. quinze
7. Martin
8. intelligent
9. salle de bains
10. Alain
11. copain
12. imbécile
13. timbre
14. sympa
15. faim

j'observe!

la préposition *à* (to, at, in)

– À qui est-ce que Lise parle?
– Elle parle à Marianne.

– À qui est-ce que Michel parle?
– Il parle à sa soeur Gabrielle.

– À qui est-ce que Luc téléphone?
– Il téléphone à Philippe.

– À qui est-ce que tu téléphones?
– Je téléphone à mes amis.

– À qui est-ce que tu montres les photos?
– Je montre les photos à Henri.

– À qui est-ce que vous donnez un cadeau?
– Je donne un cadeau à madame Leclair.

– Quand est-ce que nous dînons?
– Nous dînons à six heures.

– Où est le Centre Desjardins?
– Il est à Montréal.

– Où est-ce que tu habites?
– J'habite à Moncton.

– Où est-ce que Cartier arrive?
– Il arrive à Stadaconé.

– Où est-ce que Marie travaille?
– Elle travaille à Windsor.

la préposition *à* et l'article défini

– À qui est-ce que maman parle?
– Elle parle au directeur.

– Où est-ce qu'ils dînent?
– Ils dînent au restaurant.

– À qui est-ce que le professeur parle?
– Il parle à l'élève.

– Où sont les enfants?
– Ils sont à l'école.

– À qui est-ce que tu montres tes devoirs?
– Je montre mes devoirs à la directrice.

– Où est-ce que tu achètes du pain?
– J'achète du pain à la boulangerie.

– À qui est-ce que vous donnez les bonbons?
– Je donne les bonbons aux enfants.

– Où est-ce qu'il fait des achats?
– Il fait des achats aux grands magasins.

– À qui est-ce que papa parle?
– Il parle aux Martin.

à + le = au
à + les = aux

le verbe *acheter* (to buy)

j'achète*	nous achetons
tu achètes	vous achetez
il achète	ils achètent
elle achète	elles achètent

*I buy, I am buying

mini-dialogues

A au téléphone! ••

– À qui est-ce que **Lucie** téléphone?
– Elle téléphone à **Marcelle**.

1. Paul
   Robert
2. M. Dufour
   ses enfants
3. maman
   Mme Savard
4. Janine
   son frère
5. papa
   le directeur
6. Mlle Levert
   le docteur
7. Chantal
   l'amie de Marie
8. Richard
   l'employé
9. Marianne
   la sous-directrice
10. Georges
    la copine de Monique
11. le professeur
    les parents de Marc
12. le directeur
    les professeurs

B où sont-ils? ••

– Où est **Mario**?
– Il est au **cinéma**.

1. David
   stade
2. Juliette
   école
3. Barbara
   bibliothèque
4. Alain et André
   piscine
5. Anne et Colette
   épicerie
6. Jules et Pierrette
   bureau de poste

C qui parle à qui? ••

– Où est **René**?
– Au **bureau**.
– Qu'est-ce qu'il fait?
– Il parle à la **directrice**.

1. maman
   école
   professeur
2. vos parents
   soirée des parents
   directeur
3. le professeur
   restaurant
   élèves
4. le directeur
   stade
   équipe
5. Roger
   party de Pierre
   amis de Pierre
6. Mme Lafleur
   grand magasin
   employé

D les achats! ••

– Où est-ce que tu achètes tes **disques**?
– Au **centre d'achats** *Bondil*.
– Ils sont **sensass**!

1. livres
   librairie *Lidon*
   intéressants
2. posters
   magasin *Déco-art*
   magnifiques
3. pizzas
   pizzeria *Sorrento*
   délicieuses
4. jeans
   grand magasin *Bonstyle*
   formidables
5. chocolats
   épicerie *Jacquot*
   bons
6. pain
   boulangerie *Baguette*
   fantastique

allons-y!

A les jobs!

Où est-ce que Max travaille?

1. ► *Il travaille à la boulangerie.*

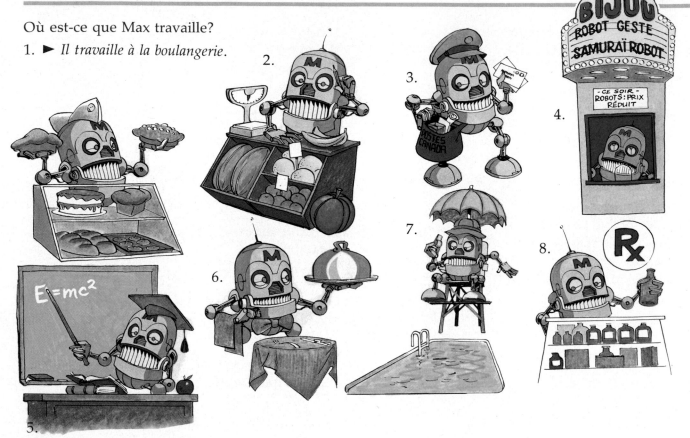

B allô!

– Allô!
– Bonjour! C'est Marc. Est-ce que **François** est là?
– Je regrette, mais François n'est pas là.
– Où est-il?
– Il est au **centre d'achats**. Il **cherche un cadeau pour sa soeur**.

1. Marcel
   stade
   jouer au soccer

2. Louise
   boulangerie
   acheter du pain

3. ton père
   épicerie
   faire des achats

4. ta soeur
   librairie
   chercher un livre

5. tes parents
   cinéma
   regarder un western

6. Marie et Lise
   école
   faire leurs devoirs

7. M. Sauvé
   bureau
   travailler

8. vos enfants
   plage
   faire de la natation

C vocabulaire en images

1. Les donnent un à leurs . 4. Je cherche des à l' .

2. Pierre et Guy arrivent au à . 5. M. Dupuis montre ses à sa .

3. Gabrielle un d'anniversaire à la .

D quel verbe? quelle forme?

1. Ils (manger/acheter) des timbres au bureau de poste.
2. Je (chercher/patiner) un cadeau pour ma copine.
3. Imbécile! Tes idées (être/avoir) folles!
4. Enfin, ils (jouer/trouver) une belle raquette de badminton.
5. Qu'est-ce que tu (donner/inviter) à maman pour son anniversaire?
6. – Ils (porter/manger) beaucoup!
   – Mais naturellement! Ils (avoir/être) faim!
7. Est-ce que vous (faire des achats/faire de la natation) au supermarché?
8. Nous ne (travailler/montrer) pas après les classes.

E les substitutions

1. M. Gendron donne de l'argent au **garçon**.
   (employé, docteur, enfants, fille)
2. René montre la lettre à la **famille**.
   (professeur, garçons, élève, mère de Paul)
3. Le professeur parle aux **élèves**.
   (directrice, enfants, dentiste, parents)
4. Brigitte téléphone à l'**amie de Diane**.
   (docteur, employé, copine de Marie, parents de Daniel)
5. Ils arrivent au **restaurant**.
   (banque, centre d'achats, librairie, école)
6. Les enfants sont à la **plage**.
   (épicerie, pharmacie, cinéma, librairie)

F du pluriel au singulier!

Mets chaque phrase au singulier!

1. Les directrices parlent aux enfants.
   ▶ *La directrice parle à l'enfant.*
2. Les enfants donnent des chocolats aux filles.
3. Les copains de Simon dînent aux restaurants *Jéfin.*
4. Elles travaillent aux épiceries.
5. Les professeurs donnent des tests aux élèves.
6. Vous parlez aux employés.

G qu'est-ce qu'ils achètent?

1. Jean/chemise ▶ *Jean achète une nouvelle chemise.*
2. je/cahiers ▶ *J'achète de nouveaux cahiers.*
3. nous/livres
4. Carole/poster
5. le prof/cassettes
6. les Pascal/ordinateur

bon voyage!

A les activités

Qu'est-ce que tu fais …

1. au restaurant?
2. au centre d'achats?
3. à l'école?
4. au cinéma?
5. au bureau de poste?
6. à la plage?
7. dans le gymnase?
8. dans la cuisine?

B aux magasins!

1. ▶ – *Où est-ce que tu achètes des croissants?*
   – *J'achète des croissants à la boulangerie.*

1. des croissants

2. des pommes

3. une cravate

4. un ballon de football

5. un microsillon

6. un dictionnaire

7. du shampooing

8. un journal

9. une tarte

10. une bouteille de root beer

C les occupations!

1. un chef

2. un secrétaire

3. une pharmacienne

4. un boulanger

▶ – Où est-ce qu'un chef travaille?
– Il travaille dans un restaurant.

7. une serveuse

8. une épicière

5. une caissière

6. un placeur

9. un professeur

10. une vendeuse

D toi et moi!

un cadeau-surprise!

Tu es au centre d'achats avec un(e) ami(e). Vous cherchez un cadeau pour votre professeur de français. Ton ami(e) fait des suggestions folles! Fais une conversation avec (un)e partenaire! Après, changez de rôles!

– Alors, tu as une idée?
– …
– Tu plaisantes! Ça coûte cher! Nous avons dix dollars. C'est tout!
– …
– Imbécile! Le prof n'aime pas ça!
– …

– Tu es pénible! Tu as d'autres idées?
– …
– Ça, c'est le comble!
– …
– Enfin, une bonne idée! C'est combien?
– …
– Formidable!

«Vite, les jeunes! Finissez vos jeux! Je ferme dans deux minutes!» annonce le propriétaire de la salle de jeux vidéo.

Cinq minutes plus tard, Richard et Maurice sortent des toilettes.

RICHARD – Maurice! La salle est vide!
MAURICE – Et la porte est fermée à clef!
RICHARD – Qu'est-ce que nous allons faire?
MAURICE – Moi, je vais faire une partie de *Aventure en espace*! Imagine, nous avons toutes les machines à nous! C'est fantastique!

MAURICE – Mais ce n'est pas possible!
RICHARD – Quoi?
MAURICE – Regarde! La machine bouge!
RICHARD – Tu es fou? …Oh là là!

MAURICE – Mon Dieu! Écoute ça!

RICHARD – J'écoute! J'écoute! La machine fait une partie de *Aventure en espace*!

MAURICE – Et le jeu, c'est nous!

petit vocabulaire

bouger	*to move*
faire une partie	*to play a game*
fermée à clef	*locked*
finissez	*finish*
un jeu	*game*
les jeunes (*m.*)	*young people*
je vais	*I am going*
mon Dieu!	*my goodness!*
plus tard	*later*
un propriétaire	*owner*
qu'est-ce que nous allons faire?	*what are we going to do?*
une salle de jeux vidéo	*video arcade*
sortent	*come out*
toutes	*all*
vide	*empty*

vrai ou *faux*?

1. Richard et Maurice sont au stade.
2. Ils sortent des toilettes.
3. La porte n'est pas fermée.
4. Maurice fait une partie de *Aventure en espace*.
5. La machine bouge.
6. La machine fait une partie de *Laser-Mania*.
7. Le jeu, c'est le propriétaire.

vive la différence!

français	anglais
terr<u>eur</u>	*terr<u>or</u>*
horr<u>eur</u>	?
doct<u>eur</u>	?
mot<u>eur</u>	?
spectat<u>eur</u>	?

l'explosion des mots!

les jeux

jouer aux dames

jouer aux cartes

jouer aux échecs

jouer au Scrabble

jouer au Monopoly

La Nouvelle-France

Maisonneuve
Fondateur de
Montréal

1. L'an 1635.
   Des missionnaires français, les
   Jésuites, fondent une mission à
   Hochelaga. Bientôt, des colons
   arrivent dans la nouvelle colonie.

2. L'an 1642. Maisonneuve, le gouverneur nommé par le roi, arrive à Hochelaga en mai. Il est accompagné de Jeanne Mance. Elle a l'intention de fonder un hôpital. Maisonneuve nomme le village «Ville-Marie».

3. Maisonneuve construit un fort. À l'intérieur, il y a une église, un hôpital, des maisons et un moulin à vent. Plus tard, la religieuse Marguerite Bourgeoys établit une école pour les enfants français et indiens.

L'an 1647. Ville-Marie est un bon site pour la traite des fourrures. Les Hurons et les Algonquins font la traite avec les Français. Mais les Iroquois font la traite avec les Anglais et les Hollandais. Cette compétition féroce provoque *Les Guerres indiennes*.

4. Les Iroquois attaquent les forts français.

5. Finalement, en 1667, les Français et les Iroquois font la paix.

69

je me souviens!

les verbes

avoir (to have)	être (to be)	faire (to do, to make)
j'ai	je suis	je fais
tu as	tu es	tu fais
il a	il est	il fait
elle a	elle est	elle fait
nous avons	nous sommes	nous faisons
vous avez	vous êtes	vous faites
ils ont	ils sont	ils font
elles ont	elles sont	elles font

des expressions avec *avoir*

avoir de la chance
avoir faim
avoir raison
avoir soif

des expressions avec *faire*

faire beau	*faire* de la natation
faire chaud	*faire* du ski
faire frais	*faire* du camping
faire froid	*faire* des achats

A   la forme correcte, s'il te plaît!

avoir

1. Tu … combien de copains?
2. Je n'… pas d'argent.
3. Qui … mes photos?
4. Nous … soif!
5. Elles … une idée!

être

1. Nous … de Winnipeg.
2. Il … nerveux.
3. Je … fâché!
4. C'… joli!
5. Vous n'… pas d'ici?

faire

1. Vous … vos devoirs?
2. Je … une salade.
3. Il ne … pas froid.
4. Nous … du ski.
5. Tu … des achats?

B   choisis bien!

Est-ce *avoir*, *être* ou *faire*?

1. – Est-ce qu tu … faim?
   – Oui, et j'… soif aussi!
   – Bon! Alors, je … un goûter.
   – Sensass! Qu'est-ce que tu … ?
   – Une pizza.
   – Toi? Tu … fou?
   – Pas du tout!

2. – Tu … du camping aujourd'hui?
   – Non, il … très froid.
   – Tu … raison. C'… dommage.

3. – Où … Victor?
   – À la bibliothèque.
   – Qu'est-ce qu'il … ?
   – Il étudie. Il … un test demain.

4. – Est-ce que vous … un test demain?
   – Non, nous n'… pas de test. Les profs
      … à Québec.
   – Vous … de la chance!
   – Et comment!

5. – Alors, nous … du ski demain?
   – Non! Je n'… pas d'argent.
   – Toi, tu … toujours fauché!

71

BON VOYAGE, DANIEL!

Daniel Bouchard habite à Ottawa. Vendredi, il fait son premier voyage en avion. Il visite ses grands-parents à Montréal. Avant le voyage, il fait une liste.

1.

lundi – aller à la banque
mardi – aller à la librairie
mercredi – aller chez le coiffeur
jeudi – acheter des cadeaux
vendredi – aller à l'aéroport!

2.

lundi...
Daniel et son père vont à la banque en voiture.

M. BOUCHARD – Voici de l'argent pour ton voyage.

DANIEL – C'est beaucoup! Merci, papa!

3.

mardi...
Daniel va à la librairie à pied.

LE VENDEUR – Alors, un guide sur Montréal. ...Tu y vas bientôt?

DANIEL – Ah oui, monsieur! J'y vais vendredi!

4.

mercredi...

Daniel va chez le coiffeur. Il y va à bicyclette.

LE COIFFEUR – Alors, Daniel, tu vas à Montréal?

DANIEL – C'est ça!

LE COIFFEUR – Tu as de la chance! Tu y vas en train?

DANIEL – Non, monsieur. En avion!

LE COIFFEUR – Tu es nerveux?

5.   DANIEL – Pas du tout!

jeudi...

Daniel va au magasin de sports avec son copain Paul. Ils y vont en métro.

PAUL – Tu achètes tes cadeaux ici?

DANIEL – Bien sûr! Mes grands-parents adorent les sports!

6.   PAUL – C'est incroyable!

DANIEL – Bon ...une raquette de tennis pour grand-papa...

PAUL – Et pour ta grand-mère?

DANIEL – Mais des patins à roulettes, naturellement!

7.

vendredi...

AU REVOIR!

8.

Max arrive!

Il arrive...

en métro

à bicyclette

à pied

en avion

à moto

en taxi

vocabulaire

masculin

un aéroport	*airport*
un coiffeur	*barber*
un grand-père (grand-papa)	*grandfather (grandpa)*
les grands-parents	*grandparents*
un guide	*guidebook*
des patins à roulettes	*roller skates*
un voyage	*trip*

féminin

une grand-mère (grand-maman)	*grandmother (grandma)*
une liste	*list*

verbe

aller	*to go*

préposition

avant	*before*

expressions

à bicyclette	*bicycle*
à moto	*by motorcycle*
à pied	*on foot*
beaucoup	*a lot, a great deal*
bientôt	*soon*
bon voyage!	*have a good trip!*
en auto	*by car*
en autobus	*by bus*
en avion	*by plane*
en bateau	*by boat*
en métro	*by subway*
en taxi	*by taxi*
en train	*by train*
en voiture	*by car*
faire un voyage	*to take a trip*
y	*there*

en train

en voiture en auto

en autobus

en bateau

je comprends!

vrai ou *faux*?

1. Daniel va à Montréal.
2. Il y va jeudi.
3. Il y va en train.
4. Avant le voyage, il fait une liste.
5. Daniel et Paul vont au magasin de sports en autobus.

questions

1. Qu'est-ce que M. Bouchard donne à Daniel?
2. Qu'est-ce que Daniel achète à la librairie?
3. Quand est-ce que Daniel va chez le coiffeur?
4. Comment est-ce que Daniel va chez le coiffeur?
5. Où est-ce que Daniel achète les cadeaux de ses grands-parents? Pourquoi?
6. Qu'est-ce que Daniel achète au magasin de sports?

entre nous

1. Est-ce que tu fais souvent des voyages? Où?
2. Avant un voyage, qu'est-ce que tu fais?
3. D'habitude, comment est-ce que tu vas à l'école? au cinéma? chez le dentiste? au centre d'achats?
4. Qu'est-ce que tu aimes mieux, les voyages en avion ou les voyages en voiture? Pourquoi?

je prononce bien!

A youppi! ••

Prononce chaque groupe de mots!

1. fille, famille, travailler, juillet, billet, Mireille
2. derrière, matière, tourtière, première, Pierre
3. premier, janvier, pied, cahier, étudier
4. monsieur, délicieux
5. radio, Ontario, Mario
6. mayonnaise, voyage, employé, incroyable

B un, deux, trois! ••

Prononce chaque mot!

1. un
2. lundi
3. Lebrun
4. Verdun
5. brun

j'observe!

le verbe *aller* (to go)

– Où est-ce que tu <u>vas</u>?   – Vous <u>allez</u> au cinéma ce soir?
– Je <u>vais</u> à Timmins.   – Non, nous n'<u>allons</u> pas au cinéma.
– Où est–ce qu'elle <u>va</u>?   – Ils <u>vont</u> chez le docteur?
– Elle <u>va</u> à la banque.   – Non, ils ne <u>vont</u> pas chez le docteur.

à l'affirmative		à la négative	
je vais*	nous allons	je ne vais pas	nous n'allons pas
tu vas	vous allez	tu ne vas pas	vous n'allez pas
il va	ils vont	il ne va pas	ils ne vont pas
elle va	elles vont	elle ne va pas	elles ne vont pas

* *I go, I am going*

l'expression *y* (there)

Compare:

a) – Tu vas *à Ottawa* lundi?   b) – Tu vas *à Ottawa* lundi?
   – Oui, je vais *à Ottawa* lundi.   – Oui, j'*y* vais lundi.

> *y* = une préposition de lieu + un nom

exemples

1. – Quand est-ce que tu vas <u>à Montréal</u>?
   – J'<u>y</u> vais vendredi.
2. – Comment est-ce qu'il va <u>au stade</u>?
   – Il <u>y</u> va en métro.
3. – Vous allez <u>chez Daniel</u>?
   – Oui, nous <u>y</u> allons bientôt.
4. – Ils vont <u>à l'aéroport</u>?
   – Oui, ils <u>y</u> vont à midi.
5. – Tu vas <u>chez le coiffeur</u> aujourd'hui?
   – Non, j'<u>y</u> vais demain.

attention!

un lieu	une personne
à Toronto	*chez* Daniel
au cinéma	*chez* le dentiste
à la boulangerie	*chez* la directrice
*à l'*école	*chez* l'élève
aux magasins	*chez* les Bouchard

attention!

Place l'expression *y* devant le verbe *aller*!

76

mini-dialogues

A bon voyage! ●●

– Alors, **Marcel** va à **Québec**?
– Oui, il y va **aujourd'hui**.
– Il a de la chance!

1. Marc
   Paris
   vendredi

2. Micheline
   Miami
   ce soir

3. les Benoît
   Tel Aviv
   en mars

4. Lise et Marie
   Vancouver
   demain soir

5. les élèves
   Montréal
   mercredi

6. Mlle Leclair
   Tahiti
   demain

B vas-y! ●●

– Où est-ce que tu vas?
– Je vais **à la librairie**.
– Tu y vas en autobus?
– Non, **à pied**.

1.

2.

3.

4.

5.

6.

C mais comment? ●●

– Tu ne vas pas au **cinéma**?
– Non, je vais au **stade** avec Marc.
– Comment est-ce que vous y allez?
– Nous y allons **à bicyclette**.

1. restaurant
   party
   en métro

2. centre d'achats
   bibliothèque
   à pied

3. librairie
   piscine
   à moto

4. supermarché
   plage
   en voiture

D c'est dommage! ●●

– Qu'est-ce que tu fais ce soir?
– Je vais au **match de hockey**.
– Est-ce que **Monique** y va aussi?
– Non, elle **a un test demain**.

1. cinéma
   Colette
   être malade

2. centre d'achats
   tes copains
   être fauchés

3. party
   tes amies
   travailler ce soir

4. pizzeria
   Lucien
   faire ses devoirs

allons-y!

A oui et non!

Réponds à chaque question à l'affirmative et à la négative!

1. Tu vas chez le dentiste?
   ▶ *Oui, je vais chez le dentiste.*
   ▶ *Non, je ne vais pas chez le dentiste.*
2. Ils vont à la party?
3. Elle va chez Margot?
4. Vous allez au centre d'achats?
5. Tu vas chez le coiffeur?
6. Elles vont à la librairie?

B c'est logique!

Complète chaque phrase avec l'expression logique!

1. Il va au restaurant (à pied/en voiture) parce qu'il fait froid.
2. Avant un voyage, je fais (une liste/du ski).
3. Il n'a pas d'argent, alors il va à la (banque/piscine).
4. Nous n'allons pas (en taxi/à bicyclette) parce que ça coûte cher.
5. Ils ont faim, alors ils vont au (bureau de poste/restaurant).
6. Vous (allez/avez) de la chance!

C choisis bien!

Pour chaque question, choisis A, B ou C!

1. Où est-ce que tu vas?
   A Je vais en autobus.
   B Je vais chez le coiffeur.
   C Tu vas lundi.
2. Quand est-ce que papa va à Timmins?
   A Il y va ce soir.
   B Il y va en voiture.
   C Il va à son bureau.
3. Comment est-ce qu'elle va chez le docteur?
   A Vendredi.
   B À midi.
   C En métro.
4. Est-ce que ta copine va à la banque?
   A Oui, elle va à la pharmacie.
   B Elle y va à pied.
   C Non, elle va à l'épicerie.
5. Est-ce que vous y allez à bicyclette?
   A C'est ça.
   B Oui, nous y allons en taxi.
   C Parce que nous sommes fatigués.
6. Pourquoi est-ce que tu ne vas pas à pied?
   A Oui, je vais à pied.
   B Parce qu'il pleut.
   C Bien sûr!

D quel dommage!

1. Je suis malade, alors je …
   ▶ *Je suis malade,*
      alors je ne vais pas à l'école.

2. Roger n'aime pas les sports,
   alors il …

3. Nous avons des devoirs,
   alors nous …

4. Il pleut, alors Caroline
   et ses copines …

5. Je suis fauché,
   alors je …

6. Ils n'ont pas faim,
   alors ils …

E vocabulaire en images

1. Mes grands-parents
   vont

2. Le professeur va

3. Ma mère va

4. Nous allons

5. Marianne va

F j'y vais!

Remplace les mots soulignés par l'expression *y*!

1. Je vais au centre d'achats.
   ▶ *J'y vais.*
2. Il va à l'aéroport.
3. Nous allons chez Paul.

4. Elles vont à la boulangerie.
5. Tu vas chez le docteur?
6. Vous allez à l'épicerie?

G les substitutions

1. **Nous** allons à la plage. (je, maman, Henri,
   mes parents)
2. Tu vas au **magasin de sports**? (cinéma,
   librairie, épicerie, centre d'achats)
3. Elle va à la **banque**. (supermarché, école,
   pizzeria, aéroport)

4. Il achète un **cadeau**. (guide, patins à
   roulettes, bonbons, raquette de tennis)
5. J'y vais à **pied**. (moto, avion, bateau,
   bicyclette)

bon voyage!

A visite à Montréal!

Où est-ce que Daniel va et quand est-ce qu'il y va?

▶ *Samedi, il va à la place des Arts.*

> samedi – la place des Arts
> dimanche – le stade Olympique
> lundi – le Centre Desjardins
> mardi – l'île Sainte-Hélène (la Ronde)
> mercredi – la place Ville-Marie
> jeudi – les magasins dans la rue
>   Sainte-Catherine
> vendredi – l'aéroport de Dorval

B bienvenue au Canada!

M. Radisson est de Paris. Il visite le Canada.
Il arrive à St. John's en avion.
Où est-ce qu'il va après?
Comment est-ce qu'il y va?

▶ *Il va à Halifax en bateau.*

1. HALIFAX
2. MONCTON
3. CHARLOTTETOWN
4. GASPÉ
5. SEPT-ÎLES
6. QUÉBEC
7. KINGSTON
8. MIDLAND
9. THUNDER BAY
10. BANFF
11. EDMONTON
12. YELLOWKNIFE
13. DAWSON CITY
14. PRINCE RUPERT
15. VICTORIA
16. VANCOUVER

petit vocabulaire

à la raquette	*on snowshoes*
en canot	*by canoe*
en hélicoptère	*by helicopter*
en motoneige	*by snowmobile*

C mais où?

Où est-ce que les personnes font les activités?

1. Gaston commande un sandwich sous-marin.
   ▶ *Il commande un sandwich sous-marin au restaurant.*
2. Paul et ses copains font de la natation.
3. Les élèves jouent au basket-ball.
4. Les Lesage regardent un film.
5. Monique et Pierrette font un goûter.
6. M. Favrod achète un guide sur Vancouver.
7. Marcel et son frère font leurs devoirs.
8. Le professeur parle à la directrice.
9. Mme Trudel achète des bonbons.
10. Grand-maman cherche des patins à roulettes.

D toi et moi!

en route!

Ton ami(e) fait un voyage bientôt. Pose des questions sur les détails!
Après, changez de rôles!

– Alors, où est-ce que tu vas?

– ...

– Vraiment? Tu as de la chance! Quand est-ce que tu y vas?

– ...

– Et comment est-ce que tu y vas?

– ...

– Avec qui est-ce que tu y vas?

– ...

– Quand est-ce que tu rentres?

– ...

– Bon voyage!

– ...

lisons! (suite et fin) ••

Richard et Maurice sont coincés contre un mur dans la salle de jeux vidéo. Ils sont terrifiés!

MAURICE – Fais quelque chose!   RICHARD – Quoi?!?

Le propriétaire rentre dans la salle. Il est étonné!

RICHARD – Incroyable…
Absolument incroyable!
LE PROPRIÉTAIRE – Quel désastre! Mon nouveau jeu vidéo!

RICHARD – Mais, monsieur,…
LE PROPRIÉTAIRE – Silence! Sortez d'ici! C'est votre dernier jeu vidéo dans ma salle!
MAURICE – Et comment!

petit vocabulaire

absolument	*absolutely*
arrêter	*to stop*
au secours!	*help!*
ce	*this, that*
coincés contre	*backed against*
dernier	*last*
étonné	*astonished*
la Guerre des étoiles	*Star Wars*
un mur	*wall*
quel désastre!	*what a disaster!*
retirer	*to pull out*
sortez d'ici!	*get out of here!*

questions

1. Où sont Richard et Maurice?
2. Comment sont-ils?
3. Qu'est-ce que Richard fait?
4. Quelle machine attaque la machine *Aventure en espace*?
5. Quelle machine gagne?
6. Qui rentre dans la salle?
7. Comment est-il?

vive la différence!

français	anglais
terrifi<u>é</u>	*terrifi<u>ed</u>*
respect<u>é</u>	?
enchant<u>é</u>	?
détest<u>é</u>	?
assist<u>é</u>	?
disput<u>é</u>	?

l'explosion des mots!

une salle

un plafond
une porte
un mur
une fenêtre
un plancher

83

La Nouvelle-France

Les Coureurs de bois et la Traite des Fourrures

1. Le succès de la Nouvelle-France dépend des profits de la traite des fourrures. En France, les chapeaux de castor sont très populaires.

2. Les Indiens visitent Québec une fois par an. D'habitude, la grande cérémonie de la traite dure une semaine.

4. Les Français décident de voyager aux villages indiens pour négocier sur place. De jeunes Français, les « coureurs de bois », font de longs voyages dangereux. En canot, ils voyagent par lacs et rivières. Beaucoup de portages sont nécessaires. En été, les coureurs de bois rapportent les fourrures à Québec.

3. Vers l'an 1670, les Anglais contrôlent la région de la baie d'Hudson. Ils fondent la Compagnie de la baie d'Hudson. Les Indiens ne voyagent plus à Québec.

Plus tard, ces coureurs de bois s'appellent «voyageurs». Leurs canots mesurent dix mètres de long. Ils transportent de trois à cinq tonnes!

je me souviens!

la négation

phrases affirmatives

Je suis de Moncton. ⟶ Je ne suis pas de Moncton.
Il a faim. ⟶ Il n'a pas faim.
Vous faites vos devoirs. ⟶ Vous ne faites pas vos devoirs.
Nous allons en train. ⟶ Nous n'allons pas en train.
Elle parle français. ⟶ Elle ne parle pas français.
Ils écoutent la radio. ⟶ Ils n'écoutent pas la radio.
C'est bon. ⟶ Ce n'est pas bon.
Ce sont des champignons. ⟶ Ce ne sont pas des champignons.

phrases négatives

(voir ci-dessus)

attention!

J'ai un cadeau. ⟶ Je n'ai pas de cadeau.
Il a une moto. ⟶ Il n'a pas de moto.
Nous avons des bonbons. ⟶ Nous n'avons pas de bonbons.
Il y a du fromage sur la pizza. ⟶ Il n'y a pas de fromage sur la pizza.
Il y a de la mayonnaise dans le frigo. ⟶ Il n'y a pas de mayonnaise dans le frigo.
Ils ont de l'argent. ⟶ Ils n'ont pas d'argent.

A c'est le contraire!

Mets chaque phrase à la négative!
1. Ils travaillent au centre d'achats.
   ▶ *Ils ne travaillent pas au centre d'achats.*
2. Nous sommes canadiens.
3. Elles ont soif.
4. Nous allons chez le coiffeur.
5. Il fait froid.
6. Il y a de la moutarde sur la viande.
7. Elle a un ordinateur.
8. Elles ont des photos.
9. J'ai une motoneige.
10. Nous avons de la chance.

B un non, c'est non!

Réponds à chaque question à la négative!
1. Est-ce que tu vas à la party?
   ▶ *Non, je ne vais pas à la party.*
2. Est-ce que tu fais tes devoirs?
3. Est-ce qu'il est nerveux?
4. Est-ce qu'elles travaillent ce soir?
5. Est-ce que vous cherchez Louis?
6. Est-ce qu'il pleut?
7. Est-ce que tu aimes les oignons?
8. Est-ce que j'ai raison?
9. Est-ce que vous avez des patins à roulettes?
10. Est-ce que tu as un guide sur Montréal?

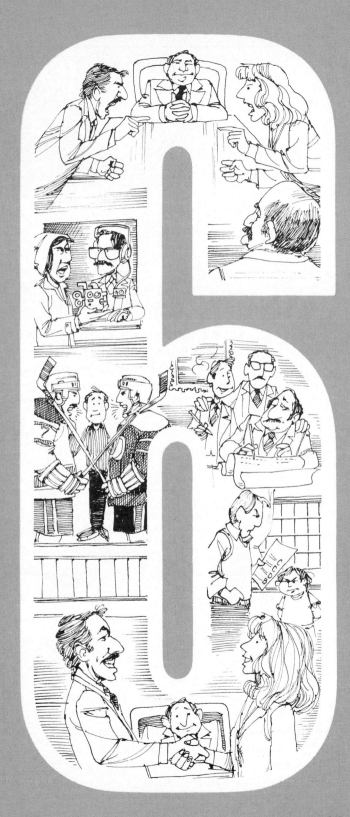

LANGUAGE

- the negative expressions *ne ... pas (de)*, *ne ... jamais (de)* and *ne ... rien*
- the expression *si*
- the adjective *ce (cet), cette, ces*

COMMUNICATION

- stating your opinion
- agreeing and disagreeing

SITUATION

- renting video cassettes

87

UN CHOIX DIFFICILE !

1. C'est samedi. Caroline Landry est très excitée. Ses parents ont un nouveau magnétoscope. Mais ils n'ont pas de cassettes. Alors, Caroline et ses copines vont au magasin vidéo. C'est la grande aventure !

2.

CAROLINE – Zut! Et moi, j'ai seulement dix dollars. Tu as de l'argent, Dominique?

DOMINIQUE – Euh… non. Je suis fauchée.

SUZANNE – Toi, tu n'as jamais d'argent! Voilà! Moi, j'ai cinq dollars!

CAROLINE – Formidable! Alors, nous avons le choix de quatre films!

DOMINIQUE – Voici la liste!

SUZANNE – Est-ce qu'il y a des films de science-fiction? J'adore ça!

CAROLINE – Moi aussi! Ah oui, …il y a *Voyage à Mars*, *Visite à Jupiter*,…

DOMINIQUE – Ah non! Moi, je déteste ces films!

4.

CAROLINE – Eh bien, il y a aussi des films
   d'horreur.
SUZANNE – Regarde! Il y a *Au revoir, Dracula!*
   Ça, c'est un bon film!
DOMINIQUE – Tu parles! C'est un film idiot!

5.

SUZANNE – Idiot?! Toi, tu n'aimes rien!
DOMINIQUE – Mais si! J'adore les westerns!
SUZANNE – Les westerns? Bah! Ces films sont
   toujours ennuyeux!
DOMINIQUE – Tu n'es jamais d'accord avec moi!
SUZANNE – Ce n'est pas vrai! Mais je ne
   donne pas d'argent pour un western!

6.

CAROLINE – Assez! Assez! Cette dispute est
   folle! C'est mon magnétoscope, alors,
   moi, j'ai le choix de *deux* films.
SUZANNE – Très bien! Comme ça, il y a un
   choix pour moi et un choix pour
   Dominique.

7.

L'EMPLOYÉ – Vous désirez?
CAROLINE – Ces quatre films, s'il vous plaît,
   monsieur.
L'EMPLOYÉ – Un instant, s'il vous plaît,
   mademoiselle. …Je regrette, mais ces
   films ne sont pas disponibles pour ce
   week-end!

films sur cassettes

Les Aventures de Casanova
un film romantique

La Musique rock
un documentaire

Au revoir, Dracula !
un film d'horreur

Agent secret
un film d'aventure

Voyage à Mars
un film de science-fiction

LE COW-BOY SOLITAIRE
un western

Le Professeur invisible
une comédie

Zip et Zap à Hollywood
un dessin animé

vocabulaire

masculin

un choix	*choice*
un documentaire	*documentary*
un film d'aventure	*adventure movie*
un film de science-fiction	*science fiction movie*
un film d'horreur	*horror movie*
un film romantique	*romance (movie)*
un magasin vidéo	*video store*
un magnétoscope	*video cassette recorder*
un western	*western (movie)*

féminin

une aventure	*adventure*
une dispute	*argument*

adjectifs

ce* (cet), cette, ces	*this, that; these, those*
disponible	*available*
ennuyeux, ennuyeuse	*boring*
excité, excitée	*excited*
idiot, idiote	*stupid, idiotic*

expressions

assez	*enough*
comme ça	*that way*
être d'accord	*to agree*
ne … jamais	*never*
ne … rien	*nothing*
seulement	*only*
si	*yes (in response to a negative question or statement)*

*précède le nom

90

je comprends!

à compléter...

1. Les parents de Caroline ont un nouveau ... .
2. Samedi, les trois filles vont au ... .
3. Elles ont le choix de quatre films pour $ ... .
4. Suzanne et Caroline adorent les films de ... .
5. Dominique adore les ... .

questions

1. Combien d'argent a Caroline? Suzanne? Dominique?
2. Pourquoi est-ce que Dominique n'aime pas le film *Au revoir, Dracula*?
3. Pourquoi est-ce que Suzanne n'aime pas les westerns?
4. Qui a le choix de deux films? Pourquoi?
5. Qui a le choix des deux autres films?

entre nous

1. Est-ce que tu vas souvent au cinéma? Avec qui?
2. Quel est ton film favori?
3. Qu'est-ce que tu aimes mieux, les films de science-fiction ou les films d'horreur?
4. Est-ce que tu aimes les westerns? les comédies? les films d'aventure? Pourquoi?
5. Chez toi, qui a le choix des émissions à la télé?
6. Est-ce que tu as souvent des disputes? Avec qui?

je prononce bien!

A de rien! ••

Prononce chaque mot!

1. bien
2. Lucien
3. chien
4. combien
5. tiens
6. canadien
7. Julien
8. bienvenue

B action! ••

Prononce chaque mot!

1. camion
2. collection
3. émission
4. question
5. expression
6. natation
7. science-fiction
8. avion

j'observe!

la négation

ne … rien (nothing, not … anything)

– Tu collectionnes quelque chose?
– Non, je ne collectionne rien.

– Est-ce que Paul cherche quelque chose?
– Non, il ne cherche rien.

– Est-ce qu'elles achètent beaucoup?
– Non, elles n'achètent rien.

– Qu'est-ce qu'il y a sur la table?
– Il n'y a rien sur la table.

ne … jamais (never, not … ever)

– Est-ce que tu patines souvent?
– Non, je ne patine jamais.

– Elle regarde souvent les comédies?
– Non, elle ne regarde jamais les comédies.

– Vous gagnez toujours?
– Non, nous ne gagnons jamais.

– Est-ce qu'ils invitent toujours Bernard?
– Non, ils n'invitent jamais Bernard.

ne … pas de (d') / ne … jamais de (d')

– Il porte un chapeau?
– Non, il ne porte pas de chapeau.

– Elles échangent des lettres?
– Non, elles n'échangent pas de lettres.

– Elle fait de la soupe?
– Non, elle ne fait pas de soupe.

– Est-ce qu'il y a un test aujourd'hui?
– Non, il n'y a pas de test aujourd'hui.

– Tu fais une pizza?
– Non, je ne fais jamais de pizza.

– Vous mangez du poulet?
– Non, nous ne mangeons jamais de poulet.

– Tu as de l'argent?
– Non, je n'ai jamais d'argent.

– Il y a des messages pour moi?
– Tu parles! Il n'y a jamais de messages pour toi!

à l'affirmative		à la négative
verbe +	un une des du de la de l'	ne + verbe + $\dfrac{\text{pas}}{\text{jamais}}$ + de (d')

l'expression *si* (*yes* in response to a negative question or statement)

questions affirmatives

– Est-ce que tu as un magnétoscope?
– Tu vas souvent au cinéma?
– Tu achètes quelque chose?

réponses affirmatives

– <u>Oui</u>, j'ai un magnétoscope.
– <u>Oui</u>, j'y vais souvent.
– <u>Oui</u>, j'achète un chandail.

questions négatives

– Tu n'as pas de magnétoscope?
– Tu ne vas jamais au cinéma?
– Tu n'achètes rien?

réponses affirmatives

– <u>Si</u>, j'ai un magnétoscope.
– <u>Si</u>, j'y vais souvent!
– Mais <u>si</u>, j'achète un chandail!

phrases négatives

– Toi, tu ne travailles jamais!
– Zut! Il n'y a pas de pain pour mon sandwich!

réponses affirmatives

– Mais <u>si</u>, je travaille toujours!
– <u>Si</u>, il est là, sur le comptoir.

l'adjectif *ce (cet), cette, ces* (this, that; these, those)

masculin	
singulier	**pluriel**
<u>Ce</u> film est drôle.	<u>Ces</u> films sont drôles.
<u>Cet</u> appartement est petit.	<u>Ces</u> appartements sont petits.
<u>Cet</u> hôtel est grand.	<u>Ces</u> hôtels sont grands.

féminin	
singulier	**pluriel**
<u>Cette</u> dispute est folle.	<u>Ces</u> disputes sont folles.
<u>Cette</u> école est belle.	<u>Ces</u> écoles sont belles.

attention!

Si un nom masculin singulier commence avec une voyelle ou avec un «h» muet, utilise *cet*: <u>cet</u> ordinateur, <u>cet</u> hiver.

mini-dialogues

A ah non! ••

– **Marcel** achète **la bicyclette de Robert**.
– Il est fou? Cette bicyclette est cassée!

1. Louise
   le stéréo de Pauline

2. mon frère
   la guitare de Robert

3. notre prof
   le magnétoscope
   des Mercier

4. papa
   l'ordinateur des
   Morin

5. ta soeur
   la moto de Lise

6. Roger
   les skis de Pierre

B tu parles! ••

– Ce **documentaire** est **intéressant**, n'est-ce pas?
– Tu parles! C'est un film idiot!
– Toi, tu n'aimes rien!
– Mais si! J'aime les **films d'aventure**!

1. film d'horreur
   bon
   dessins animés

2. comédie
   drôle
   films romantiques

3. western
   fantastique
   films d'horreur

4. dessin animé
   formidable
   films de science-fiction

C mais si! ••

– Toi, tu travailles toujours!
– Et alors?
– Eh bien, tu ne vas jamais **au cinéma**?
– Mais si! J'y vais souvent! J'adore **les films**!

1. aux concerts
   la musique

2. à la piscine
   la natation

3. au stade
   le baseball

4. au centre d'achats
   les magasins

D les enfants sont les enfants!

– Il n'y a rien **dans le frigo**!
– Mais si! Il y a du **rosbif**, de la **salade** et du **lait**.
– C'est tout?
– Ah, les enfants!

1. pour un goûter
   sandwichs
   biscuits
   coca

2. pour le dessert
   gâteau
   glace
   bananes

3. pour le petit déjeuner
   céréales
   toasts
   jus

4. sur la pizza
   fromage
   oignon
   champignons

E ce n'est pas vrai!

– Tiens! Tu **commandes une salade**?
– C'est ça!
– Mais tu ne commandes jamais de salade!
– Ce n'est pas vrai!

1. regarder une comédie

2. faire un sandwich sous-marin

3. écouter de la musique classique

4. manger du poulet

5. donner de l'argent à Paul

6. acheter des magazines

allons-y!

A c'est formidable!

Fais des phrases avec *ce, cet, cette, ces*!

1. ▶ *Ce cadeau est formidable!*

2.

3.

4.

5.

6.

7.

8.

B c'est ça!

1. C'est un bon film?
   ▶ *Oui, ce film est très bon!*
2. C'est un choix difficile?
3. C'est une lettre intéressante?
4. C'est un hôtel confortable?
5. Ce sont des films ennuyeux?
6. Ce sont de bonnes idées?
7. C'est un grand élève?
8. C'est une belle ville?

C rien de rien!

Réponds aux questions avec l'expression *ne … rien*!

1. Qu'est-ce que Simon collectionne?
   ▶ *Il ne collectionne rien.*
2. Qu'est-ce que tu achètes?
3. Qu'est-ce que ta soeur fait?
4. Qu'est-ce que tu manges?
5. Qu'est-ce que vous faites?
6. Qu'est-ce qu'ils cherchent?
7. Qu'est-ce qu'elles écoutent?
8. Qu'est-ce qu'il y a dans le frigo?

D jamais de la vie!

Fais des phrases avec l'expression *ne … jamais!*

1. ▶ *Colette ne dîne jamais au restaurant.*

2. Gabrielle … .

3. Papa … .

4. Alain … .

5. Janine … .

6. Maman … .

E à la négative, s'il te plaît!

Mets chaque phrase à la négative. Utilise l'expression indiquée!

1. (ne … pas) J'ai de l'argent.
   ▶ *Je n'ai pas d'argent.*
2. (ne … jamais) Il commande une salade.
   ▶ *Il ne commande jamais de salade.*
3. (ne … pas) J'achète des patins.
4. (ne … jamais) Elles mangent de la soupe.
5. (ne … pas) Il y a du fromage dans le frigo.
6. (ne … jamais) Nous échangeons des lettres.

F au contraire!

Réponds aux questions négatives. Utilise *si!*

1. Tu n'invites jamais Denise?
   ▶ *Mais si! J'invite souvent Denise!*
2. Tu ne fais jamais de voyages?
   ▶ *Mais si! Je fais souvent des voyages!*
3. Tu ne vas jamais au cinéma?
4. Tu ne parles jamais français?
5. Tu ne patines jamais?
6. Tu ne regardes jamais de westerns?
7. Tu ne marques jamais de buts?
8. Tu ne manges jamais de poulet?

bon voyage!

A tu es d'accord?

Donne tes opinions!

1. Le hockey est un sport violent.
2. Les annonces publicitaires à la télé sont nécessaires.
3. Les jeunes n'étudient pas assez.
4. L'hiver est la meilleure saison de l'année.
5. Les jeunes parlent trop au téléphone.
6. Les profs ne donnent pas assez de devoirs.

B qu'est-ce que c'est comme film?

Identifie le genre de chaque film!

Multi~Ciné
Le Choix de 8 Films!!!!

LE RETOUR DU PIRATE DIEGO
DONALD DUCK DANSE LE TANGO!
LE CHIEN BILINGUE
L'AN 3000
L'AMOUR, TOUJOURS L'AMOUR!
L'ÉGYPTE, PAYS DES PYRAMIDES
TEX, LE SHÉRIF
LA REVANCHE DES MOMIES

petit vocabulaire

l'amour (m.)	love
un an	year
bilingue	bilingual
le genre	type
un pays	country
le retour	return
la revanche	revenge

98

petit vocabulaire

une année	year
une annonce publicitaire	advertisement
assez (de)	enough
les jeunes (m.)	young people
la meilleure	the best
nécessaire	necessary
trop (de)	too much, too many

C toi et moi!

au magasin vidéo

Tu es au magasin vidéo avec ton ami(e). Vous avez le choix de quatre films. Ton ami(e) n'est jamais d'accord avec tes choix. Alors, c'est la grande dispute!
Fais une conversation avec un(e) partenaire! Après, changez de rôles!

– Bon! Voici la liste! Est-ce qu'il y a des films d'horreur? J'adore ça!
– …
– Tu n'aimes pas les films d'horreur? … Un film de science-fiction, alors?
– …
– Quoi?! Ces films sont toujours intéressants!
– …
– Eh bien, il y a des westerns aussi…
– …
– Ça, c'est le comble! Toi, tu n'aimes rien!
– …
– Les documentaires?! Tu plaisantes!
– …
– Je ne suis pas d'accord! Ces films sont très ennuyeux!
– …
– Assez! Moi, j'ai le choix de deux films, et toi, tu as le choix de deux films. D'accord?
– …

D télé-guide

Canal	7 h 00
3	SAFARI AFRICAIN • *un documentaire*
5	LOTO • *la loterie nationale*
9	ALLÔ, POLICE! • *un drame*

Canal	7 h 30
6	PIERRETTE PRÉSENTE • *de la musique et de l'humour*
8	GALAXIES 1999 • *un drame de science-fiction*
12	LES ÉLÈVES PARLENT • *un reportage sur les classes de français*

Canal	8 h 00
3	CHEZ LES PLOUFFE • *un téléroman: 6e épisode*
5	TOI ET MOI • *une comédie*
9	L'INSPECTEUR CLOUSEAU • *un policier*

Canal	8 h 30
3, 5	PYRAMIDE • *un jeu*
6, 8	LA FILLE DU RANCH • *un western*
12	ASTÉRIX LE GAULOIS • *un dessin animé*

Canal	9 h 00
3, 5	L'EXTRA-TERRESTRE • *un grand film de science-fiction*
9	LES GRANDS CLASSIQUES • *Les Aventures de Sherlock Holmes*
12	LE THÉÂTRE DE SHAKESPEARE • *Roméo et Juliette*

Canal	9 h 30
6	ROSE ET ROBERT • *une comédie*
8	LA CUISINE DE LUIGI *Comment préparer une pizza* • *une démonstration gastronomique*

Canal	10 h 00
6	TABLE RONDE *Contre le danger!* • *une interview avec des professeurs de français*
8	MATCH DE HOCKEY • *en direct de Vancouver: les Canadiens contre les Canucks*

Canal	10 h 30
6	TÉLÉJOURNAL • *les nouvelles et la météo*
9	CINÉSOIR *Le Fils de Dracula* • *un film d'horreur en 3 dimensions*

Canal	11 h 00
3, 5, 12	ACTUALITÉS • *nouvelles, sports, météo*
6	FLASH! • *les nouvelles du sport*

Canal	12 h 00
3, 5, 12	MONSTRE-MINUIT • *les grands films d'horreur*

petit vocabulaire

un jeu	*game*
un policier	*detective story*
un téléroman	*novel for television*

Maintenant, pose des questions à un(e) partenaire! Voici des exemples:

1. Qu'est-ce qu'il y a à la télé à huit heures trente?
2. *Astérix le Gaulois*, qu'est-ce que c'est?
3. À quelle heure est l'interview avec les professeurs de français?
4. Qu'est-ce qu'il y a, canal 9, à dix heures trente?
5. À quelle heure sont les nouvelles du sport?
6. D'habitude, qu'est-ce que tu regardes à huit heures samedi soir?

Le Trésor de l'île

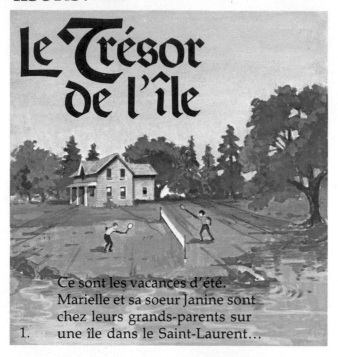

1. Ce sont les vacances d'été. Marielle et sa soeur Janine sont chez leurs grands-parents sur une île dans le Saint-Laurent…

2. …Dans la forêt, Marielle remarque un objet métallique.

3.

4.

C'est une petite boîte. Elle ouvre la boîte…

JANINE – Marielle! Qu'est-ce que c'est?

MARIELLE – C'est une carte!… Une très vieille carte! Regarde la date!

JANINE – Ce n'est pas possible!

MARIELLE – Mais si! Examine bien le papier, l'écriture, la boîte…

JANINE – Oui…tu as raison. Mais pourquoi cacher une carte?

MARIELLE – Parce qu'elle indique un trésor caché! Regarde bien! Il y a un «X»!

JANINE – Un trésor? Toi, tu regardes trop de films d'aventure!

MARIELLE – Non, non! Il y a des directions sur la carte!

JANINE – C'est vrai!

MARIELLE – Alors, allons chercher le trésor! D'accord?

JANINE – D'accord! Imagine, une vraie «chasse au trésor»!

Marielle! Janine! Le dîner est prêt!

MARIELLE – Zut! Commençons tout de suite après le dîner. ...Et ne dis rien à grand-maman! C'est notre secret!

À SUIVRE...

petit vocabulaire

allons chercher	let's go and look for
une boîte	box
cacher (caché)	to hide (hidden)
une carte	map
une chasse au trésor	treasure hunt
commençons	let's begin, let's start
l'écriture (f.)	writing
une île	island
ne dis rien	don't say anything
ouvre	opens
le papier	paper
prêt	ready
un trésor	treasure
trop de	too many
les vacances d'été (f.)	summer holidays
vieille	old
vrai, vraie	true; real

questions

1. C'est quelle saison?
2. Où sont Marielle et Janine?
3. Qu'est-ce que Marielle trouve dans la forêt?
4. Qu'est-ce qu'il y a dans la boîte?
5. Qu'est-ce que la carte indique?
6. Qu'est-ce qu'il y a sur la carte?

vive la différence!

français	anglais
forêt	forest
arrêt	?
mât	?
pâtc	?
hâte	?
hôtesse	?

l'explosion des mots!

une boîte de céréales

une boîte de sardines

une boîte de jus
une cannette* de jus

attention!

au Canada*
    une cannette de jus
en France
    une boîte de jus

101

La Nouvelle-France

**Jean Talon
et la Colonisation**

1. En 1665, le roi Louis XIV nomme Jean Talon intendant pour toutes les colonies en Nouvelle-France. Après 1672, le gouverneur, c'est le comte de Frontenac. L'autre membre du gouvernement est l'évêque François de Laval.

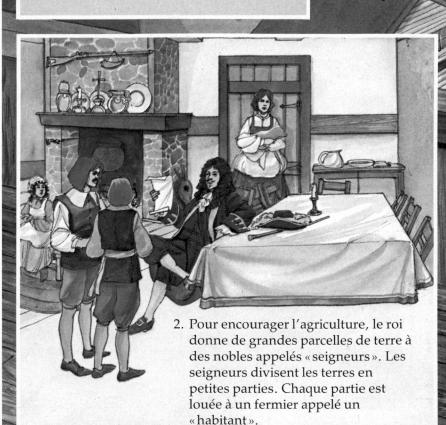

2. Pour encourager l'agriculture, le roi donne de grandes parcelles de terre à des nobles appelés «seigneurs». Les seigneurs divisent les terres en petites parties. Chaque partie est louée à un fermier appelé un «habitant».

3. Jean Talon joue un rôle important dans l'expansion de la Nouvelle-France. Il établit beaucoup d'industries. Il persuade des Français d'émigrer à la colonie. En sept ans, la population augmente de 4000 personnes!

4. L'an 1689.
La Nouvelle-France continue à prospérer. Mais la colonie a une population de seulement 9400. Dans les colonies britanniques, il y a une population de 250 000!

L'AMÉRIQUE DU NORD EN 1689

LA NOUVELLE-FRANCE

L'ACADIE

LES COLONIES BRITANNIQUES

L'OCÉAN ATLANTIQUE

N

je me souviens!

les questions

l'intonation

Tu es d'ici? ↗
C'est une comédie? ↗
Elles écoutent le prof? ↗

est-ce que (est-ce qu')

Est-ce que tu es d'ici?
Est-ce que c'est une comédie?
Est-ce qu'elles écoutent le prof?

les expressions interrogatives

questions

Qui rentre?
À qui est-ce que tu donnes ce cadeau?
Qu'est-ce que vous mangez?
Qu'est-ce qu'il fait?
Où est le magasin vidéo?
Quand est-ce que tu vas à Ottawa?
À quelle heure est-ce que vous dînez?
Comment est ton frère?
Combien d'argent est-ce que tu as?
Comment est-ce que tu vas à l'école?
Pourquoi est-ce que Paul n'y va pas?
Est-ce que tu aimes les films d'horreur?
Est-ce qu'il arrive bientôt?
Est-ce que tu n'as pas de bonbons?

réponses

Alain rentre.
Je donne ce cadeau à Anne.
Nous mangeons des sandwichs.
Il joue au tennis.
Il est dans la rue Lacombe.
J'y vais vendredi.
À six heures.
Il est petit et il a les cheveux bruns.
J'ai dix dollars.
En autobus.
Parce qu'il pleut.
Oui, j'aime les films d'horreur.
Non, il n'arrive pas bientôt.
Si, j'ai des bonbons.

attention aux pronoms!

Tu travailles beaucoup? ⟶ Oui, **je** travaille beaucoup.
Vous parlez français, monsieur? ⟶ Bien sûr, **je** parle français.
Les enfants, **vous** avez faim? ⟶ Oui, **nous** avons faim.

A ah, les questions!

Complète chaque phrase avec l'expression
interrogative correcte!

1. – ... est-ce que tu cherches?
   – La directrice.
2. – ... est-ce qu'ils y vont?
   – En métro.
3. – ... de soeurs est-ce qu'il a?
   – Trois.
4. – ... vous avez un magnétoscope?
   – Oui, nous avons un magnétoscope.
5. – ... est-ce qu'elles arrivent?
   – À minuit.
6. – ... il ne fait jamais ses devoirs?
   – Mais si! Il fait toujours ses devoirs!
7. – ... tu achètes?
   – Le nouveau disque de V. V. Vavoum.
8. – ... est ton copain?
   – Il est beau et il a les cheveux blonds.
9. – ... est-ce que vous habitez?
   – À Halifax.
10. – ... est-ce que le professeur n'est pas à
    l'école?
    – Parce qu'il est malade.

B voilà la question!

Pose une question pour chaque réponse!

1. Je montre mes photos au professeur.
   ► *À qui est-ce que tu montres tes photos?*
2. Nous allons à la plage.
3. Ils font une pizza.
4. Ils jouent au soccer après les classes.
5. Non, je ne dîne pas chez Janine.
6. Ils ont deux autos.
7. Mais si, j'étudie pour le test!
8. Je ne vais pas au cinéma parce que
   je n'ai pas d'argent.

A les associations

Quelles idées vont ensemble?

1. **un aéroport**	un guide
2. un coiffeur	des cassettes
3. un voyage	**des avions**
4. un film	des timbres
5. un magnétoscope	du pain
6. un bureau de poste	des cadeaux
7. une boulangerie	un documentaire
8. un centre d'achats	de l'argent
9. un anniversaire	des magasins
10. une banque	les cheveux

B l'élimination des mots!

1. copain, ami, coiffeur, copine
2. bonbon, liste, viande, champignon
3. comédie, western, dessin animé, guide
4. avion, taxi, raquette, train
5. plage, librairie, pharmacie, épicerie
6. cadeau, anniversaire, gâteau, dispute

C phrases bêtes!

Corrige chaque phrase!

1. J'achète des patins à roulettes au supermarché.
2. Il y a des magazines dans le frigo.
3. Les parents de mes parents sont mes parents.
4. Cette idée est délicieuse!
5. Zut! Ces films sont toujours faciles!
6. Nous faisons de la natation dans la bibliothèque.

D mais où?

1. un match ► *au stade*
2. un avion
3. un film
4. des livres
5. des professeurs et des élèves
6. de l'argent
7. du pain
8. des bonbons
9. des magasins
10. une famille
11. un employé
12. une raquette de tennis
13. des films sur cassettes
14. des timbres
15. de l'eau

E ô singulier!

Mets chaque expression au singulier!

1. aux directeurs
   ► *au directeur*
2. aux élèves
3. aux professeurs
4. aux grands-mères
5. aux amis
6. aux coiffeurs
7. aux sous-directrices
8. aux employés
9. aux copines
10. aux enfants

F je fais des phrases!

Est-ce que c'est *à*, *au*, *à la*, *à l'* ou *aux*?

1. M. Bouchard/donner/de l'argent/Daniel
   ▶ *M. Bouchard donne de l'argent à Daniel.*
2. il/acheter/des cadeaux/centre d'achats
3. nous/chercher/nos copains/école
4. ils/aller/piscine/samedi
5. je/montrer/ma collection/mon copain
6. Colette/parler/amis de Michel
7. mes frères/travailler/épicerie
8. qui/aller/banque/aujourd'hui

G allons-y!

Complète le dialogue avec la forme correcte du verbe *aller*!

– Salut! Ça … ?
– Oui, ça … , merci.
– Où est-ce que tu … après les classes?
– Je … au centre d'achats.
– Est-ce que Chantal et Louis y … aussi?
– Oui! Nous y … en métro.
– Où est-ce que vous … après?
– Au concert de Billy Bizarre.
– Formidable! Moi, j'y … aussi!

H tout nouveau, tout beau!

1. magnétoscope
   ▶ *Ce magnétoscope est nouveau.*
2. ordinateur
   ▶ *Cet ordinateur est nouveau.*
3. boulangerie
   ▶ *Cette boulangerie est nouvelle.*
4. magasins
   ▶ *Ces magasins sont nouveaux.*
5. idées
   ▶ *Ces idées sont nouvelles.*
6. aéroport
7. jeans
8. magazines
9. cassettes
10. film
11. voiture
12. appartement
13. guides
14. listes
15. hôtel

I c'est le contraire!

Mets chaque phrase à la négative!

1. Je vais au cinéma.
   ▶ *Je ne vais pas au cinéma.*
2. Il patine toujours.
   ▶ *Il ne patine jamais.*
3. Elles achètent quelque chose.
   ▶ *Elles n'achètent rien.*
4. Nous allons à l'épicerie.
5. Ils travaillent toujours.
6. Elle mange quelque chose.
7. J'ai un guide sur Montréal.
8. Nous faisons toujours des pizzas.
9. Ils trouvent quelque chose.

J   ça va ensemble!

Choisis la réponse correcte à chaque question!

1. Est-ce que tu y vas en train?
2. Quand est-ce qu'ils rentrent?
3. Qui a le choix des films?
4. C'est difficile?
5. Qu'est-ce qu'il cherche au centre d'achats?
6. Où est Mlle Bourgeois?
7. Tu n'aimes pas ce sandwich?
8. Qu'est-ce que tu fais?
9. Tu aimes les documentaires?
10. Est-ce que Roger a cinq dollars?

Bientôt!
Pas du tout!
Un cadeau pour sa copine.
À l'aéroport.
Mais si! Il est délicieux!
Tu parles! Ces films sont ennuyeux!
Non, j'y vais en avion.
Monique. C'est son magnétoscope.
Tu plaisantes! Il n'a jamais d'argent!
Une liste.

K   questions personnelles

1. D'habitude, à quelle heure est-ce que tu vas à l'école?
2. Comment est-ce que tu vas à l'école?
3. Où est-ce que tu achètes tes jeans? tes disques?
4. Qu'est-ce que tu aimes mieux, les films d'horreur ou les films d'aventure? Pourquoi?
5. Qu'est-ce que tu collectionnes?
6. Tu n'aimes pas les sports?
7. Est-ce que tu vas souvent au restaurant? Avec qui?
8. Est-ce que le français est facile ou difficile pour toi?

LANGUAGE

- verbs like *finir*
- the adjective *tout, toute, tous, toutes*

COMMUNICATION

- reacting to a crisis

SITUATION

- a superhero to the rescue

SUPER PROF!

1. Monsieur Grenier est professeur d'histoire à l'école Maisonneuve.

Pour demain, vous finissez toutes les questions de l'exercice **L**.

EXERCICE L, PAGE 62

Pour chaque question vous choisissez la réponse A, B ou C. À demain, les élèves!

2. Après les classes, M. Grenier rentre chez lui à pied.

Des garçons jouent au hockey sur un petit lac.

Bravo, Maurice!

Zut! Vous gagnez toujours!

3. Tout à coup, Maurice tombe dans l'eau!

Au secours! Au secours!

Une minute, Maurice! J'arrive!

PLOUF!

4. Au secours! Au secours!

PLOUF!

Rémi tombe dans l'eau aussi! M. Grenier réfléchit une seconde, puis...

quand Max quitte quelqu'un...

vocabulaire

masculin

un exercice	*exercise*
un lac	*lake*
un lacet	*lace (shoe/skate)*
un patin	*skate*

féminin

une question	*question*
une réponse	*answer*
une seconde	*second*
la vie	*life*

verbes

attacher	*to tie, to attach*
choisir	*to choose*
finir	*to finish*
quitter	*to leave*
réfléchir (à)	*to think (about)*
tirer	*to pull*
tomber	*to fall*

adjectifs

chaque*	*each*
heureux, heureuse	*happy*
tout*, toute, tous, toutes	*all; every; whole, entire*

expressions

à bientôt!	*see you soon!*
à demain!	*see you tomorrow!*
au secours!	*help!*
hourra!	*hooray!*
puis	*then, next*
quelqu'un	*somebody, someone*
tout à coup	*all of a sudden, suddenly*
tout le monde	*everybody, everyone*

*précède le nom

je comprends!

questions

1. Quels sont les devoirs pour demain?
2. Comment est-ce que M. Grenier rentre chez lui?
3. Qu'est-ce que les garçons font?
4. Où est-ce qu'ils jouent au hockey?
5. Qui marque un but?
6. Qui tombe dans l'eau?
7. Qu'est-ce que les garçons donnent à Capitaine Canada?
8. Qu'est-ce que Capitaine Canada fait?
9. Comment est tout le monde?
10. C'est qui, Capitaine Canada?

entre nous

1. D'habitude, où est-ce que tu fais tes devoirs?
2. Qui est ton professeur d'histoire? de maths? de sciences? d'éducation physique?
3. Quelle est ton équipe de hockey favorite?
4. Qu'est-ce que tu portes quand tu joues au hockey?
5. Comment est la vie d'un(e) élève?
6. Combien de questions est-ce qu'il y a dans cet exercice?

je prononce bien!

A c'est excellent! ●●

Prononce chaque mot!

1. accent
2. action
3. expression
4. Halifax
5. taxi
6. exposition
7. collection
8. Maxine

B j'y suis! ●●

Prononce chaque mot!

1. fruit
2. huit
3. aujourd'hui
4. cuisine
5. biscuit
6. juillet
7. minuit
8. puis

j'observe!

les verbes en -ir

– Où est-ce qu'ils <u>finissent</u> leurs devoirs?
– Ils <u>finissent</u> leurs devoirs dans la cuisine.

– Est-ce que tu <u>choisis</u> A, B ou C?
– Je <u>choisis</u> A!

– Tu ne <u>finis</u> jamais ton dîner?
– Mais si! Je <u>finis</u> toujours mon dîner!

– Il <u>réfléchit</u> à la question?
– Oui, il <u>réfléchit</u> à la question.

– Est-ce que vous <u>choisissez</u> un guide sur Ottawa?
– Non, nous <u>choisissons</u> un guide sur Montréal.

le verbe *finir* (to finish)

à l'affirmative	à la négative
je fin**is***	je <u>ne</u> finis <u>pas</u>
tu fin**is**	tu <u>ne</u> finis <u>pas</u>
il fin**it**	il <u>ne</u> finit <u>pas</u>
elle fin**it**	elle <u>ne</u> finit <u>pas</u>
nous fin**issons**	nous <u>ne</u> finissons <u>pas</u>
vous fin**issez**	vous <u>ne</u> finissez <u>pas</u>
ils fin**issent**	ils <u>ne</u> finissent <u>pas</u>
elles fin**issent**	elles <u>ne</u> finissent pas

* I finish, I am finishing

les verbes comme *finir*: chois**ir**, réfléch**ir**

l'adjectif *tout* (all; every; whole, entire)

masculin

singulier

Il finit <u>tout</u> cet exercice.
Je mange <u>tout</u> mon dîner.

pluriel

<u>Tous</u> les élèves sont ici.
Il travaille <u>tous</u> les samedis.

féminin

singulier

Tu travailles <u>toute</u> la semaine?
Je regarde <u>toute</u> l'émission.

pluriel

<u>Toutes</u> ces réponses sont dans le livre.
Nous invitons <u>toutes</u> nos amies.

attention!

Tout le monde *est* ici.
Tout le monde *regarde* la télé.

Tout le monde est un sujet singulier, alors le verbe est toujours au singulier.

mini-dialogues

A bon appétit! ●●

– Tu finis tout **le gâteau**?
– Oui, j'ai faim!
– Bon appétit!

1. le rosbif
2. la pizza
3. la glace
4. le poulet
5. les biscuits
6. les frites
7. la soupe
8. les bananes
9. les bonbons

B encore? ●●

– Où sont tous **les enfants**?
– **Au cinéma**.
– Encore?
– Mais oui! Ils y vont tous **les vendredis**.

1. tes amis
   à la piscine
   les soirs

2. la classe
   à la bibliothèque
   les lundis

3. tes copines
   au centre d'achats
   les samedis

4. la famille
   chez les Gagnon
   les dimanches

5. les élèves
   dans le gymnase
   les jours

6. l'équipe
   chez le capitaine
   les week-ends

C à quelle heure? ●●

– À quelle heure est-ce que **tu** finis **ton dîner**?
– Vers **six heures et demie**.

1. Marc
   les classes
   3 h 30

2. les élèves
   le test
   12 h 00

3. vous
   le match
   8 h 30

4. Denise
   ses devoirs
   10 h 15

5. tu
   ton déjeuner
   1 h 00

D tu parles! ●●

– Tiens! Tu ne finis pas toutes les **réponses**?
– Mais **les maths** sont difficiles!
– Tu parles!

1. exercice
   l'histoire

2. devoirs
   la géographie

3. test
   les sciences

4. questions
   le français

allons-y!

A l'élimination des mots!

Quel mot ne va pas?
1. minute, réponse, seconde, heure
2. au secours, à demain, à la prochaine, au revoir
3. finir, choisir, tomber, réfléchir
4. jouer, hockey, patins, vie
5. tout, tu, tous, toute
6. lac, fleuve, lacet, océan

B tout ça?

Utilise l'adjectif *tout*, *toute*, *tous*, *toutes*!

1. ▶ *tout le sandwich*

2.

3.

4.

5.

6.

7.
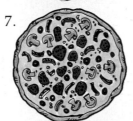

C tout est bien qui finit bien!

Donne la forme correcte du verbe *finir*!

1. L'émission ... à 9 h 00.
2. Ils ne ... pas leurs devoirs.
3. Je ... tout l'exercice.
4. Le match ... à 8 h 15.
5. Tu ne ... jamais avant 1 h 00?
6. Nous ... le test bientôt.
7. Les classes ... à 4 h 00.
8. Le concert ... à 11 h 00.
9. Vous ne ... jamais votre salade!
10. Elles ... toujours toutes les questions.

D quel verbe? quelle forme?

1. Regarde! Marcel (tomber/téléphoner) de sa bicyclette!
2. Ils (manger/attacher) les lacets de leurs patins.
3. Je (tirer/quitter) la maison à 8 h 30.
4. Nous (choisir/patiner) ces quatre films.
5. Est-ce que tu (jouer/réfléchir) à la réponse?
6. Tiens! Vous ne (finir/commander) pas l'exercice?
7. Hourra! Il (acheter/tirer) les garçons de l'eau!
8. Il fait beau, alors tout le monde (être/aller) heureux!

E les substitutions

1. **Nous** choisissons un bon film. (je, vous, Alice, les enfants)
2. Il finit toujours toute **la glace**. (rosbif, viande, chocolats, frites)
3. **Colette** est heureuse. (ses parents, ma copine, le directeur, les filles)
4. Tu ne finis pas toutes ces **réponses**? (test, exercice, questions, devoirs)
5. Je **cherche** quelque chose. (acheter, faire, finir, choisir)

F hourra, Capitaine Canada!

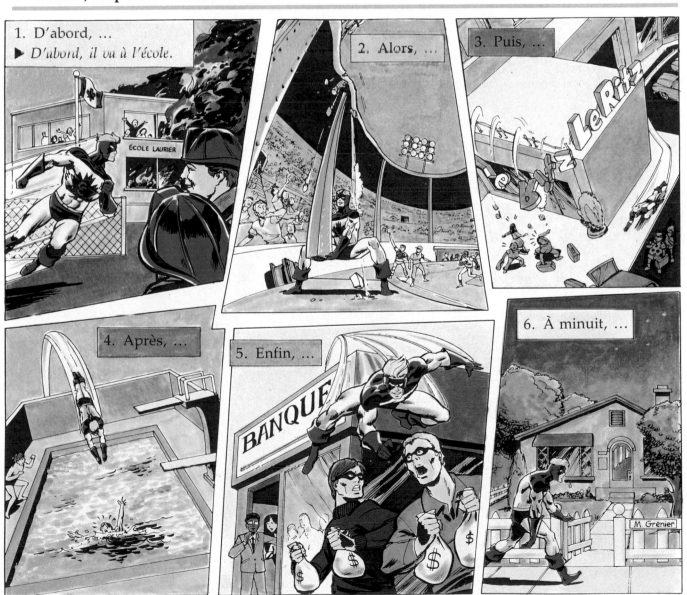

1. D'abord, …
   ▸ *D'abord, il va à l'école.*
2. Alors, …
3. Puis, …
4. Après, …
5. Enfin, …
6. À minuit, …

bon voyage!

A c'est logique!

Complète chaque phrase!

1. Il y a soixante … dans une minute.
2. Il attache les … de ses patins.
3. Ce n'est pas la … à cette question!
4. …! Notre équipe gagne encore!
5. D'abord, il va au centre d'achats. Il fait des achats, … il rentre chez lui.
6. Au revoir, les élèves. … !
7. La … de Capitaine Canada n'est jamais ennuyeuse!
8. … le monde quitte la party bientôt.
9. Quand je joue au hockey, je porte des … .
10. Il y a dix phrases dans cet … .

B l'embarras du choix!

Tu as le choix de <u>trois</u> choses. Qu'est-ce que tu choisis?

▶ *Moi, je choisis les skis, la radio portative et le piano.*

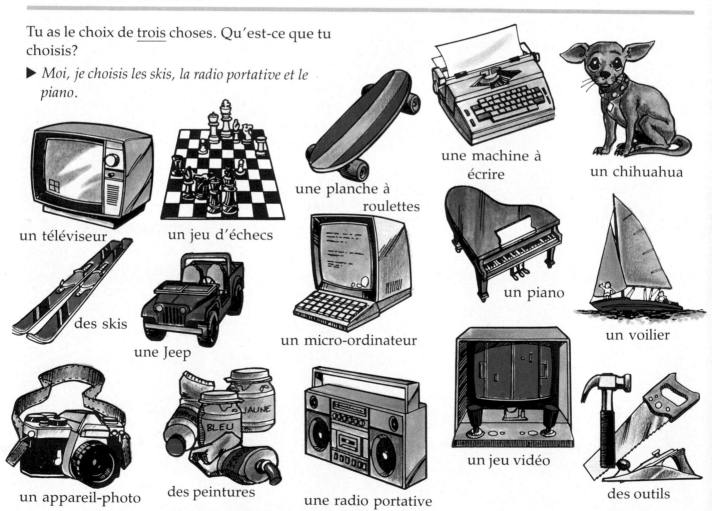

un téléviseur

un jeu d'échecs

une planche à roulettes

une machine à écrire

un chihuahua

des skis

une Jeep

un micro-ordinateur

un piano

un voilier

un appareil-photo

des peintures

une radio portative

un jeu vidéo

des outils

118

C les réactions

Choisis une réaction logique pour chaque situation!

1. – Hourra!
   – J'adore la natation!
   – Au secours!

2. – À la prochaine!
   – Tu plaisantes!
   – Salut! Ça va?

3. – Tu es très sympa!
   – Je ne suis pas d'accord!
   – J'adore les disputes! Et toi?

4. – Imbécile! Regarde ma
      voiture!
   – Pas de problème!
   – Ce n'est rien!

5. – C'est une très bonne réponse!
   – Tu es très intelligent!
   – Tu n'as jamais raison!

6. – Téléphone pour toi!
   – Imbécile, tu ne réfléchis
      jamais!
   – Tu parles français?

D toi et moi!

au cinéma!

Tu ne finis pas tout ton dîner parce que tu vas au cinéma avec un(e) ami(e).
Un de tes parents pose des questions. Un(e) partenaire joue le rôle du parent.
Après, changez de rôles!

– Pourquoi est-ce que tu ne finis pas ton dîner?
– …
– Avec qui est-ce que tu y vas?
– …
– Tu n'as pas de devoirs ce soir?
– …
– Bon! À quelle heure est-ce que le film finit?
– …
– Alors, à quelle heure est-ce que tu rentres?
– …

– Très bien! Et comment est-ce que tu rentres?
– …
– D'accord. Tu as de l'argent?
– …
– Toi, tu n'as jamais d'argent! Tiens! Voici cinq
   dollars.
– …
– De rien. À bientôt!
– …

lisons! (suite et fin) ⚫⚫

Le Trésor de l'île

Après le dîner, Marielle et Janine consultent la carte…

MARIELLE – La direction est indiquée…
JANINE – Oui, c'est vers le nord.
MARIELLE – Allons-y!

1.

2.

Enfin, les deux filles arrivent à une caverne…

MARIELLE – D'après la carte, le trésor est dans cette caverne!
JANINE – Moi, je déteste les cavernes! Il y a des chauves-souris!
MARIELLE – Bof! Moi, j'entre!
JANINE – Bon, bon! J'y vais aussi!

Les filles entrent dans la caverne…

JANINE – …Pouah! Il y a des toiles d'araignée! …Marielle! …Marielle, où es-tu?

3.

4.

MARIELLE – Par ici, Janine! Il y a quelque chose derrière ces roches! Aide-moi!

JANINE – …Mais c'est une autre boîte!
MARIELLE – Et une autre carte! …Mais c'est incroyable!
JANINE – Quoi?
MARIELLE – La carte indique le célèbre trésor caché du capitaine Cucaracha. Regarde! Il y a une liste…
JANINE – Oh là là! Diamants, perles, or, argent…

5.

Tout à coup, il y a des tremblements dans la caverne!

JANINE – Vite, Marielle! Sauvons-nous!

6.

Très vite, les deux soeurs quittent la caverne…

MARIELLE – Ouf! On a échappé belle!

JANINE – Et comment!

MARIELLE – …Bon! Maintenant pour le trésor! Montre-moi la carte!

JANINE – La carte? Tu n'as pas la carte, toi?

fin

petit vocabulaire

aide-moi!	*help me!*
l'argent *(m.)*	*silver*
célèbre	*famous*
une chauve-souris	*bat*
d'après	*according to*
un diamant	*diamond*
une toile d'araignée	*spider web*
montre-moi	*show me*
le nord	*north*
on a échappé belle!	*that was a close call!*
l'or *(m.)*	*gold*
par ici	*this way*
une roche	*rock*
sauvons-nous!	*let's get out of here!*
un tremblement	*vibration*

vrai ou *faux*?

1. Marielle et Janine consultent la carte après le déjeuner.
2. Il n'y a pas de direction indiquée sur la carte.
3. Les filles entrent dans une caverne.
4. Janine adore les cavernes.

questions

1. Qu'est-ce qu'il y a derrière les roches?
2. Qu'est-ce qu'il y a dans la boîte?
3. Qu'est-ce que la carte indique?
4. Pourquoi est-ce que les filles quittent la caverne?
5. Où est la carte?

vive la ressemblance!

français	anglais
<u>une</u> direc<u>tion</u>	*direction*
<u>une</u> inven<u>tion</u>	?
<u>une</u> invita<u>tion</u>	?
<u>une</u> composi<u>tion</u>	?
<u>une</u> ac<u>tion</u>	?
<u>une</u> ambi<u>tion</u>	?

l'explosion des mots!

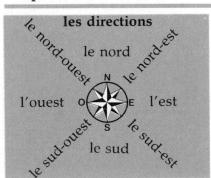

les directions

le nord-ouest · le nord · le nord-est
l'ouest · O · E · l'est
le sud-ouest · le sud · le sud-est

121

La Nouvelle-France

Les Acadiens

1. L'an 1702.
   C'est la guerre entre la France et l'Angleterre.
   En 1713, les deux pays font la paix et signent le traité d'Utrecht.

Le traité d'Utrecht — Amérique du Nord

La France garde :
le Québec   la Louisiane
l'île Saint-Jean   l'île Royale
les îles du golfe du Saint-Laurent

La France cède à l'Angleterre :
Terre-Neuve
les territoires de la baie d'Hudson
l'Acadie

3. En Europe, c'est encore la guerre entre la France et l'Angleterre.
   En 1745, les Anglais attaquent et capturent Louisbourg.
   En 1749, 3000 colons anglais arrivent à Halifax. Maintenant,
   les Anglais dominent la côte atlantique en Amérique du Nord!

2. L'an 1719.
Malgré le traité, la tension augmente entre les
empires anglais et français.
Les Anglais attaquent les bateaux de pêche français
dans l'océan Atlantique.
Alors, en 1739, les Français construisent la forteresse
de Louisbourg sur l'île Royale.

LE GOLFE DU
SAINT-LAURENT
LE NOUVEAU-BRUNSWICK
L'ÎLE SAINT-JEAN
L'ÎLE ROYALE
TERRE-NEUVE
LA NOUVELLE-ÉCOSSE • HALIFAX
LOUISBOURG
L'OCÉAN ATLANTIQUE
L'ÎLE-DU-PRINCE-ÉDOUARD

4. La Nouvelle-Écosse. L'an 1755. La Nouvelle-
Écosse est une possession anglaise depuis 1713.
Mais il y a 15 000 Français dans la colonie!
Ces «Acadiens» refusent de faire un acte
d'allégeance au roi anglais. Alors, les Anglais
décident de déporter les Acadiens en France,
en Louisiane et en Nouvelle-France.

je me souviens!

l'article défini

masculin		féminin		exemples
singulier	**pluriel**	**singulier**	**pluriel**	1. <u>Le</u> cyclomoteur de Paul est dans <u>la</u> rue.
le directeur	**les** directeurs	**la** copine	**les** copines	2. <u>L'</u>exercice est difficile.
l'ordinateur	**les** ordinateurs	**l'**école	**les** écoles	3. <u>Les</u> garçons et <u>les</u> filles sont à <u>l'</u>école.
				4. J'adore <u>les</u> sports!

l'article indéfini

masculin		féminin		exemples
singulier	**pluriel**	**singulier**	**pluriel**	1. J'ai <u>un</u> frère et <u>une</u> soeur.
un biscuit	**des** biscuits	**une** question	**des** questions	2. Est-ce que tu as <u>des</u> bonbons?
un ami	**des** amis	**une** amie	**des** amies	3. Il mange <u>des</u> frites et <u>un</u> hamburger.
				4. Elle choisit <u>un</u> western et <u>une</u> comédie.

l'article partitif

masculin	féminin
du pain	**de la** soupe
de l'argent	**de l'**eau

exemples
1. Il y a <u>de la</u> viande, <u>du</u> fromage et <u>de l'</u>oignon sur la pizza.
2. <u>De l'</u>eau, s'il vous plaît. J'ai soif!
3. Ils mangent <u>de la</u> pizza pour le dîner.
4. Est-ce qu'il y a <u>du</u> ketchup dans le frigo?

A   du pluriel au singulier!

1. les réponses
   ▶ *la réponse*
2. les lacets
3. les exercices
4. les coiffeurs
5. les bicyclettes
6. les océans
7. les hôtels
8. les banques
9. des cadeaux
   ▶ *un cadeau*
10. des listes
11. des patins
12. des aéroports
13. des copains
14. des secondes
15. des voyages
16. des questions

B   c'est ton choix!

Est-ce que c'est *du*, *de la* ou *de l'*?

1. Il y a … laitue pour une salade?
2. Est-ce qu'il y a … oignon dans la soupe?
3. Voilà … rosbif, … moutarde et … pain!
4. Tu manges … pizza pour le déjeuner?
5. J'achète … viande, … soupe et … lait.

C   choisis bien!

Complète chaque phrase!

1. (la, de la) … salade est délicieuse!
2. (les, des) Il y a … tomates dans le frigo.
3. (les, la) … Bouchard ont une voiture.
4. (l', un) … argent est sur le comptoir.
5. (un, du) Il achète … cadeau.
6. (une, l') Il y a … école près d'ici.
7. (l', les) Où sont … enfants?
8. (le, du) J'ai soif! Est-ce qu'il y a … coca?
9. (l', de l') Il y a … oignon dans la soupe.
10. (le, de la) Je mange souvent … tourtière.

LANGUAGE

- verbs like *vendre*
- the adjective *quel, quelle*
- the verb *commencer*

COMMUNICATION

- asking for and giving directions

SITUATION

- being late to meet a friend

Quelle vie!

C'est samedi. Marie-Josée attend devant le cinéma Bijou. Sa copine Adèle n'arrive pas.

1.

Alors Marie-Josée téléphone chez elle. La mère d'Adèle répond au téléphone.

LA MÈRE D'ADÈLE – Allô!

MARIE-JOSÉE – Bonjour, madame! C'est Marie-Josée. Est-ce qu'Adèle est là?

LA MÈRE – Elle n'est pas avec toi au cinéma Ritz?

MARIE-JOSÉE – Mais madame, le film est au cinéma Bijou!

2.

Marie-Josée demande des directions au cinéma Ritz.

MARIE-JOSÉE – Pardon, madame. Pour aller au cinéma Ritz, s'il vous plaît?

LA DAME – Le cinéma Ritz? Une minute… Ah, oui! Il est dans la rue Baudelaire.

MARIE-JOSÉE – C'est loin d'ici?

LA DAME – Assez loin. D'abord, vous allez tout droit dans cette rue. C'est la rue Rimbaud. À la rue Molière, vous tournez à gauche. Puis, vous continuez à la rue Baudelaire. Là, vous tournez à droite. Le cinéma Ritz est à gauche, à côté de la librairie Zola.

MARIE-JOSÉE – Merci beaucoup, madame.

LA DAME – Il n'y a pas de quoi.

3.

MARIE-JOSÉE – …Ah non! Il pleut! Ça, c'est le comble!

4.

Dans un magasin dans la rue Molière…

MARIE-JOSÉE – Vous vendez des parapluies, madame?

LA VENDEUSE – Non, mademoiselle.

MARIE-JOSÉE – Alors, un journal, s'il vous plaît.

5.

Quinze minutes plus tard, Marie-Josée arrive au cinéma Ritz. Adèle est très fâchée!

ADÈLE – Enfin! Vraiment, Marie-Josée, tu es toujours en retard! Vite! Le film commence!

6.

MARIE-JOSÉE – Mais tu es folle? Regarde!

ADÈLE – …Les *Deux* Mousquetaires?! Mais notre film, c'est Les *Trois* Mousquetaires, n'est-ce pas?

MARIE-JOSÉE – Bien sûr! …Mais au cinéma Bijou!

ADÈLE – Euh… c'est loin, le cinéma Bijou?

7.

quel temps fait-il?

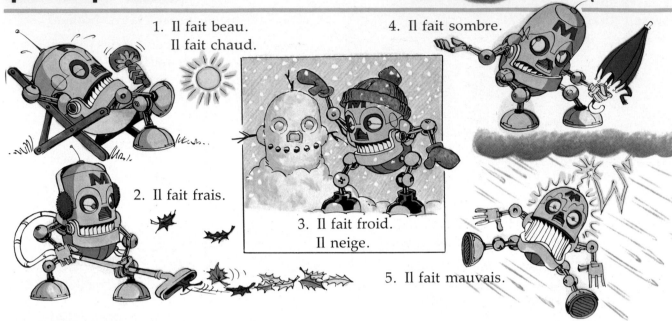

1. Il fait beau.
   Il fait chaud.

2. Il fait frais.

3. Il fait froid.
   Il neige.

4. Il fait sombre.

5. Il fait mauvais.

vocabulaire

masculin

un journal (des journaux)	newspaper
un parapluie	umbrella

féminin

les directions	directions

verbes

attendre	to wait (for)
commencer	to begin, to start
continuer	to continue
demander	to ask (for)
répondre (à)	to answer
tourner	to turn
vendre	to sell

adjectif

quel*, quelle	what (a, an)

expressions

à droite	(to the, on the) right
à gauche	(to the, on the) left
chez elle	to (at) her house (place)
être en retard	to be late
il fait du soleil	it's sunny
il fait mauvais	it's terrible (weather)
il fait sombre	it's dull, overcast
il n'y a pas de quoi	you're welcome
loin	far (away)
plus tard	later
pour aller à …?	can you tell me the way to …?
tout droit	straight ahead

* précède le nom

6. Il fait du vent.   7. Il fait du soleil.   8. Il pleut.

je comprends!

questions

1. Où est-ce que Marie-Josée attend Adèle?
2. Comment s'appelle le film au cinéma Bijou?
3. Quand Adèle n'arrive pas, qu'est-ce que Marie-Josée fait?
4. Qui répond au téléphone?
5. Où est Adèle?
6. Où est le cinéma Ritz?
7. Qu'est-ce que Marie-Josée achète à l'épicerie?
8. Quel temps fait-il?
9. Quand Marie-Josée arrive au cinéma Ritz, comment est Adèle?
10. Comment s'appelle le film au cinéma Ritz?

entre nous

1. Est-ce que tu es souvent en retard? Quand? Pourquoi?
2. Est-ce que tu habites loin de ton école?
3. Tu es dans la classe de français. Tu vas au gymnase. Est-ce que tu vas tout droit? Est-ce que tu tournes à droite? à gauche?
4. Quand il pleut, quel temps fait-il aussi?
5. Est-ce que tu réponds à toutes ces questions?

je prononce bien!

A c'est magnifique! ●●

Prononce chaque mot!

1. ga**gn**er
2. ma**gn**ifique
3. ma**gn**étophone
4. champi**gn**on
5. Ga**gn**on
6. oi**gn**on

B tout ensemble! ●●

Prononce chaque phrase!

1. A**n**dré et ma**man** ma**ng**ent de la vi**an**de.
2. Ad**am**, tu ra**n**ges ta ch**am**bre?
3. Tes par**en**ts r**en**trent v**en**dredi?
4. Quel t**em**ps fait-il **en** nov**em**bre?
5. Mart**in** a v**in**gt **in**sectes!
6. **Im**bécile! C'est **in**croyable!
7. Le cop**ain** d'Al**ain** est dans la salle de b**ains**.
8. Pard**on**, monsieur. Est-ce que ces champign**ons** s**on**t b**on**s?
9. Son nom est Gaston Bombardier.
10. Les Lebr**un** habitent **un**, rue Verd**un**.

j'observe!

les verbes en -re

– Où est-ce qu'ils <u>attendent</u> Marie?
– Ils <u>attendent</u> Marie devant l'école.

– Elle <u>répond</u> toujours à tes questions?
– Tu parles! Elle ne <u>répond</u> jamais à mes questions!

– Tu <u>attends</u> ton ami?
– Non, j'<u>attends</u> le professeur.

– Vous ne <u>vendez</u> pas de parapluies?
– Si, nous <u>vendons</u> des parapluies.

le verbe *vendre* (to sell)

à l'affirmative	à la négative
je vend**s***	je <u>ne</u> vends <u>pas</u>
tu vend**s**	tu <u>ne</u> vends <u>pas</u>
il vend	il <u>ne</u> vend <u>pas</u>
elle vend	elle <u>ne</u> vend <u>pas</u>
nous vend**ons**	nous <u>ne</u> vendons <u>pas</u>
vous vend**ez**	vous <u>ne</u> vendez <u>pas</u>
ils vend**ent**	ils <u>ne</u> vendent <u>pas</u>
elles vend**ent**	elles ne vendent pas

*I sell, I am selling

les verbes comme *vendre*: attend*re*, répond*re*

l'adjectif *quel, quelle, quels, quelles* (what, what a, what an)

masculin

singulier	**pluriel**
<u>Quel</u> enfant!	<u>Quels</u> enfants!

féminin

singulier	**pluriel**
<u>Quelle</u> voiture!	<u>Quelles</u> voitures!

le verbe *commencer* (to begin, to start)

je commence*	nous commen**ç**ons
tu commences	vous commencez
il commence	ils commencent
elle commence	elles commencent

*I begin, start; I am beginning, starting

mini-dialogues

A   c'est magnifique! ●●

- Voici des photos **de Toronto**.
- Quelle **ville** magnifique!

1. du Saint-Laurent
   fleuve
2. de Miami
   plages
3. du Château Frontenac
   hôtel
4. de l'Ontario
   province
5. du Centre Desjardins
   magasins
6. de l'hôtel Ritz
   chambres
7. de leur maison
   piscine
8. de mon anniversaire
   cadeaux

B   mais pourquoi? ●●

- **Tu** vends **ta bicyclette**?
- C'est ça.
- Mais pourquoi?
- Parce que j'achète une **moto**.
- Tu as de la chance!

1. Rémi
   son tourne-disque
   stéréo
2. Mlle Dugas
   sa voiture
   camionnette
3. les Lafleur
   leur Renault
   Corvette
4. vous
   magnétoscope
   ordinateur

C   les jobs! ●●

- Où est-ce que tu travailles?
- Dans un **grand magasin**.
- Qu'est-ce que tu fais là?
- Je **vends des livres**.
- C'est difficile?
- Pas du tout!

1. restaurant
   faire des sandwichs
2. magasin de disques
   vendre des disques et des posters
3. cinéma
   vendre des billets
4. bureau
   répondre au téléphone
5. boulangerie
   faire du pain
6. pizzeria
   répondre au téléphone

D   les directions ●●

- Pour aller au **cinéma Bijou**, s'il vous plaît?
- **Vous tournez à droite**. Ce n'est pas loin d'ici.
- Merci beaucoup!
- Il n'y a pas de quoi.

1. restaurant *Chez Pierre*
   continuer tout droit
2. épicerie *Bonmarché*
   tourner à gauche
3. magasin *Figaro*
   aller tout droit
4. librairie *Roberval*
   continuer à la rue Talon

allons-y!

A la météo

Fais des dialogues!

1. ▶ – *Quel temps fait-il?*
   – *Il pleut!*

B les exclamations!

Est-ce *quel, quelle, quels* ou *quelles*?

1. ▶ *Quel cadeau!*

C j'aime ça!

Utilise la forme correcte de l'adjectif *quel*!

1. Cette tourtière est délicieuse!
   ▶ *Quelle tourtière délicieuse!*
2. Ces questions sont difficiles.
   ▶ *Quelles questions difficiles!*
3. Ce journal est intéressant.
4. Ces films sont ennuyeux.
5. Cet hôtel est joli.
6. Cette ville est grande.
7. Ces magasins sont beaux.
8. Cette pizza est bonne.

D quel verbe? quelle forme?

1. Vous (attendre/vendre) des journaux ici?
2. Il ne (répondre/vendre) jamais à mes lettres.
3. Qu'est-ce que tu (continuer/demander) pour ton anniversaire?
4. Nous (commencer/tomber) le test à 9 h 00.
5. Où est-ce que tu (attacher/attendre) tes amis?
6. Ils (continuer/tourner) tout droit dans cette rue.
7. Il ne (être/faire) pas beau aujourd'hui.
8. Vous (être/avoir) toujours en retard!

E la création des phrases!

Fais des phrases avec le verbe *vendre*!

1. Je … ▶ *Je vends des disques.*
2. Ils ….
3. Ma mère …
4. Vous …
5. Charles …
6. Adèle …
7. Nous …
8. Les filles …

F ça commence, et ça finit!

1. les élèves/5 h 00, 7 h 20
   ▶ *Les élèves commencent à 5 h 00 et ils finissent à 7 h 20.*
2. nous/6 h 10, 6 h 30
3. je/11 h 00, 12 h 00
4. le film/7 h 00, 9 h 00
5. le match/1 h 00, 3 h 15
6. les classes/9 h 00, 3 h 45

G les réponses

Invente des phrases. Utilise le verbe *répondre*!

1. Les élèves		directrice
2. Je		téléphone
3. Est-ce que tu	à	toutes ces questions
4. Papa	au	enfant
5. Ma soeur	à l'	leurs enfants
6. Nous	à la	lettres de grand-maman
7. Est-ce que vous	aux	professeur
8. Elles		employés

bon voyage!

A qu'est-ce qu'ils vendent?

Fais des phrases logiques!

1. Martin travaille au cinéma.
   ▶ *Il vend des billets.*
2. Suzanne travaille à la boulangerie.
3. Ils travaillent au bureau de poste.
4. Je travaille à la librairie.

5. Nous travaillons au magasin vidéo.
6. Elles travaillent au magasin de disques.
7. M. Dubois travaille au magasin de sports.
8. Mlle Leblanc travaille à la pizzeria.

B les touristes

Un(e) élève d'une autre ville visite l'école Laurier. Il/Elle demande des directions. Donne des directions à cet (cette) élève!

– Pour aller au cinéma, s'il te plaît?
– D'abord, tu vas tout droit dans cette rue. C'est la rue Cartier. À l'avenue Laval, tu tournes à droite. Puis, tu continues tout droit. Le cinéma est à gauche.
– Merci beaucoup!

Pour aller à la pharmacie? à la piscine? au centre d'achats? au restaurant? à la bibliothèque? à la banque? à l'épicerie? au magasin vidéo?

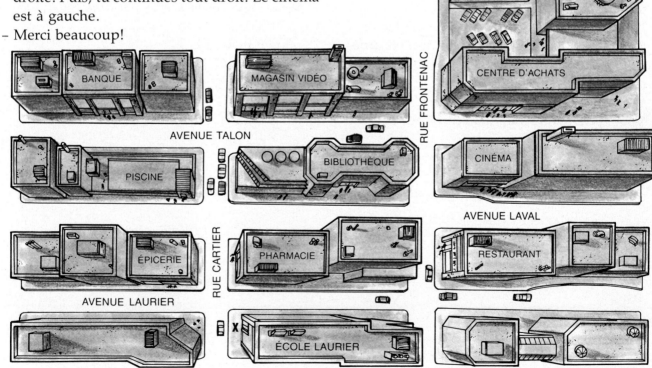

134

C qu'est-ce que tu portes...

1. quand il pleut?
2. quand il neige?
3. quand tu fais de la natation?
4. quand tu es malade?
5. quand tu es à la maison?
6. quand il fait chaud?
7. quand tu joues à un sport?
8. quand tu fais du ski?
9. quand tu fais du jogging?
10. quand tu patines?

un survêtement

des souliers de tennis

un anorak

des bottes

un short

des mitaines

un maillot de bain

un pyjama

un imperméable

D la météo au Canada

▶ *À Victoria, la température est de 15 degrés Celsius. Il fait beau.*

VILLE	TEMPÉRATURE	TEMPS
Victoria	15°C	beau
Edmonton	11°C	mauvais
Regina	7°C	sombre
Winnipeg	12°C	beau
Toronto	21°C	chaud
Québec	14°C	beau
Fredericton	16°C	sombre
Halifax	15°C	du soleil
Charlottetown	19°C	du vent
St. John's	13°C	mauvais
Whitehorse	0°C	froid
Yellowknife	5°C	frais

E toi et moi!

les directions

Tu es dans la rue Cézanne (X). Ton ami(e) demande des directions au restaurant *Le Gourmet*.
Après, changez de rôles!

– Pour aller au restaurant
  Le Gourmet, s'il te plaît?
– ...
– Merci beaucoup!
– ...

lisons! 🔊

Est-ce que tu es un bon (une bonne) cycliste? Choisis A, B ou C pour chaque situation suivante!

Cycle~Test

1 Quand je démarre...
A je roule très vite.
B je roule lentement.
C je crie «Géronimo!»

2 Quand j'arrive à un stop...
A je continue.
B j'arrête la bicyclette.
C je fais mes devoirs.

3 Quand je descends une pente...
A je roule sans mains.
B je freine.
C je ferme les yeux.

4 Quand il neige...
A je porte un chapeau.
B je prends l'autobus.
C j'attache des skis à la bicyclette.

5 Quand le feu de circulation est rouge...
A je ralentis un peu.
B j'arrête la bicyclette.
C je saute sur les guidons.

6 Quand je change de direction...
A je roule très vite.
B je signale de la main.
C je signale du pied.

7 Quand il fait noir...
A je porte un chandail et un pantalon noirs.
B j'utilise le phare.
C je pleure.

8 Quand les pneus manquent de pression...
A je vais au restaurant.
B j'utilise une pompe.
C j'abandonne la bicyclette.

Quand le feu de circulation
est jaune…
   A je roule très vite.
   B je ralentis.
   C je change de direction.

Quand des piétons
traversent la rue…
   A je crie des insultes.
   B j'arrête la bicyclette.
   C j'écrase les piétons.

Quels sont tes résultats?

> A = 1 point
> B = 2 points
> C = 0 point

18-20 points: Bravo! Quel talent!
Tu es vraiment
expert (experte)!

14-17 points: Tu es un bon (une
bonne) cycliste!

11-13 points: Tu as besoin de
leçons!

0-10 points: Tu es fou (folle)!
Vends ta bicyclette
et achète un
tricycle!

petit vocabulaire

arrêter	*to stop*	je ferme les yeux	*I close my eyes*	une pente	*hill*
avoir besoin de	*to need*	freiner	*to brake*	un piéton	*pedestrian*
crier	*to scream, to yell*	un feu de circulation	*traffic light*	pleurer	*to cry*
démarrer	*to start off*			prendre	*to take*
écraser	*to run over, to crush*	lentement	*slowly*	ralentir	*to slow down*
		une main	*hand*	rouler	*to drive*
		manquer de pression	*to be low on air pressure*	sauter	*to jump*
				traverser	*to cross*

un phare
une pédale
une pompe
une chaîne

un frein
les guidons *(m.)*
la selle
une roue
un pneu

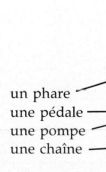

La Nouvelle-France

La Bataille pour Québec

1. L'an 1756.
   La Guerre de sept ans
   éclate entre la France et
   l'Angleterre.
   Pour contrôler tout le
   continent, les Anglais
   décident d'attaquer
   et de capturer Québec.

2. Les forces anglaises, commandées par le général Wolfe,
   préparent une attaque de leurs bases sur l'île d'Orléans et sur la
   pointe Lévis.
   Les troupes françaises, commandées par le général Montcalm,
   fortifient la rive de Beauport.

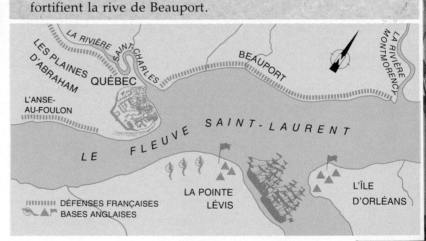

LA RIVIÈRE SAINT-CHARLES

LA RIVIÈRE MONTMORENCY

LES PLAINES D'ABRAHAM

QUÉBEC

BEAUPORT

L'ANSE-AU-FOULON

LE FLEUVE SAINT-LAURENT

LA POINTE LÉVIS

L'ÎLE D'ORLÉANS

DÉFENSES FRANÇAISES
BASES ANGLAISES

3. Le 12 septembre, 1759.
   Pendant la nuit, les
   Anglais traversent le
   Saint-Laurent.
   À l'Anse-au-Foulon ils
   font l'escalade des
   falaises près de Québec.

4. L'armée anglaise attaque les Français sur les Plaines d'Abraham. Les Anglais capturent Québec. La bataille cause la mort de Wolfe et de Montcalm.

Le général James Wolfe.

5. L'an 1763. La France et l'Angleterre signent le traité de Paris. Les Français gardent seulement deux petites îles près de Terre-Neuve. La Nouvelle-France est maintenant un territoire anglais.

6. L'an 1774. Le roi George III installe un gouverneur anglais à Québec. Il s'appelle Guy Carleton et, pour les Français, c'est un homme très raisonnable. L'Acte de Québec garantit aux Français en Nouvelle-France leur langue et leur religion.

QUE SAIS-JE?

A les associations

Quelles idées vont ensemble?

1. **un cinéma**   les nouvelles
2. un lac   des lacets
3. un parapluie   la natation
4. un journal   des réponses
5. des patins   il fait chaud
6. des questions   **un film**
7. à droite   des devoirs
8. l'été   il fait froid
9. des exercices   tourner
10. l'hiver   il pleut

B le moulin des phrases!

Cherche dans la liste pour compléter chaque phrase!

parapluie, lacets, exercice, lac, réponse, vie, directions, seconde, journal, questions

1. Est-ce qu'il y a des bandes dessinées dans ce …?
2. Il attache les … de ses souliers.
3. Nous demandons des … au stade.
4. Est-ce que tu choisis la … A, B ou C?
5. La … d'un astronaute n'est jamais ennuyeuse!
6. Il réfléchit une …, puis, il répond au professeur.
7. Zut! Il pleut! Où est mon …?
8. Ils font du camping près d'un petit … .
9. D'habitude, je réponds à toutes les … .
10. Cet … est très difficile!

C voilà tout!

Est-ce que c'est *tout, toute, tous* ou *toutes*?

1. … le monde est fatigué.
2. Regarde! Il finit … la pizza!
3. Je réponds à … ses lettres.
4. Il travaille … les samedis.
5. … la classe est au gymnase.
6. … à coup, Henriette tombe!
7. Il est en retard … les jours.
8. Elle téléphone souvent à … ses copines.

D je finis tout ça!

Fais des phrases!

1. l'exercice
   ▶ *Je finis tout cet exercice.*
2. les devoirs
3. la salade
4. les questions
5. le goûter
6. les biscuits
7. la tourtière
8. le journal

E quelle vie!

1. Le Château Frontenac est magnifique. (hôtel)
   ▶ *Quel hôtel magnifique!*
2. Le hockey est formidable. (sport)
3. Les documentaires sont ennuyeux. (films)
4. Le gâteau est délicieux. (dessert)
5. La géographie est difficile. (matière)
6. Les Corvettes sont fantastiques. (voitures)
7. Paul et Louise sont intelligents. (élèves)
8. Les Expos et les Canadiens sont sensass. (équipes)

F quel choix!

Complète chaque phrase avec la forme correcte du verbe *finir, choisir* ou *réfléchir*!

1. Elle … le T-shirt rouge.
2. Le concert … à minuit.
3. Est-ce que vous … votre lettre à grand-papa?
4. Nous … quatre films de science-fiction.
5. Toi, tu ne … jamais à ta vie!
6. Les Duval … une nouvelle voiture.
7. Elles … le dîner vers six heures.
8. Je … souvent à mon voyage à Montréal.

G c'est le singulier!

Mets chaque phrase au singulier!

1. Nous commençons nos classes bientôt.
   ▶ *Je commence ma classe bientôt.*
2. Vous réfléchissez à ces réponses?
3. Tous ces journaux sont intéressants.
4. Ils attendent des amis.
5. Quels enfants! Ils sont toujours en retard!
6. Vous ne répondez jamais aux questions.
7. Est-ce qu'elles finissent tous les exercices?
8. Nous vendons nos maisons.

H compose des phrases!

1. Je (J')		le professeur
2. Richard		leur maison
3. Est-ce que vous		au téléphone
4. Les Marchand		ses amis devant le cinéma
5. Micheline	vendre	tes parents
6. Qui	attendre	à sa lettre
7. Nous	répondre	des journaux
8. Où est-ce que tu		l'autobus
9. Les élèves		ta moto
10. Elles		aux questions

I les réactions

Choisis une réaction pour chaque situation.

1. Tu tombes dans le lac.
2. Tu quittes ton ami(e).
3. Tu demandes des directions.
4. Tu attends ton ami(e). Tu es fâché(e).
5. Tu donnes des directions.
6. Tu fais tes devoirs.
7. Tu vends ta bicyclette.
8. Tu choisis des films au magasin vidéo.

«Pour aller au cinéma, s'il te plaît?»
«Cinquante dollars, s'il te plaît.»
«Quel exercice difficile!»
«Tu tournes à droite dans cette rue.»
«Au secours!»
«À demain!»
«Zut! Il n'y a pas de films d'horreur!»
«Enfin! Toi, tu es toujours en retard!»

TOUT ENSEMBLE

A les associations

Quel verbe va avec quelle expression?

1. **des lettres**	répondre
2. à pied	demander
3. des devoirs	tourner
4. le hockey	choisir
5. un restaurant	**échanger**
6. à droite	attacher
7. un cadeau	faire
8. des questions	aller
9. des lacets	patiner
10. des directions	dîner

B les équivalents

Choisis l'expression équivalente!

1. **un copain**	il n'y a pas de quoi!
2. acheter	hourra!
3. joli	une seconde
4. idiot	tu parles!
5. content	à la prochaine!
6. un instant	en voiture
7. tu plaisantes!	heureux
8. à bientôt!	formidable
9. bravo!	**un ami**
10. de rien!	fou
11. en auto	faire des achats
12. fantastique	beau

C les contrastes

Choisis l'expression contraire!

1. **toujours**	heureux
2. commencer	après
3. l'été	ennuyeux
4. acheter	près
5. petit	l'hiver
6. intéressant	sans
7. quelque chose	**jamais**
8. loin	difficile
9. avant	à gauche
10. avec	détester
11. adorer	finir
12. facile	grand
13. triste	rien
14. à droite	vendre

D les listes

Complète les phrases d'une façon logique!

1. Sur la pizza, il y a …
2. Dans la salade, il y a …
3. Dans le sandwich sous-marin, il y a …
4. Dans le frigo, il y a …
5. Pour le dîner, il y a …
6. Au centre d'achats, il y a …
7. Au magasin vidéo, il y a …
8. Dans ma famille, il y a …

E l'élimination des mots!

Quel mot ne va pas?

1. pharmacie, vie, épicerie, librairie
2. seconde, midi, idée, heure
3. été, hiver, printemps, viande
4. piscine, cuisine, frigo, table
5. goûter, dîner, déjeuner, premier
6. timbre, bureau de poste, plage, lettre
7. guide, pain, livre, journal
8. acheter, vendre, argent, champignon
9. voyage, visite, bonbon, aller
10. toujours, pas, jamais, rien

F la préposition *à*!

Est-ce que c'est *à*, *au*, *à la*, *à l'* ou *aux*?

1. Tu montres ces photos … coiffeur?
2. Il répond … directrice.
3. Je donne souvent des goûters … enfants.
4. Les élèves donnent des cadeaux … professeur.
5. Nous demandons des directions … hôtel.
6. Vous parlez … amies de Lise?
7. Tu ne réfléchis jamais … tes réponses!
8. J'attends mes parents … aéroport.

G où ça?

Où est-ce que tu achètes…

1. des timbres?
2. des patins?
3. des livres?
4. du pain?
5. du lait?
6. des sandwichs?
7. des disques?
8. des films?
9. des jeans?
10. de la viande?

H ça va?

Utilise la forme correcte du verbe *aller*!

1. Je … à Moncton tous les étés.
2. Est-ce que tes grands-parents … au centre d'achats?
3. Où est-ce que Marcelle … ce soir?
4. Nous … à la banque en métro.
5. Tu ne … jamais chez Léon?
6. Tout le monde … à ce match.
7. Comment est-ce que vous … chez le docteur?
8. Pourquoi est-ce qu'elle ne … pas avec toi?
9. Ils y … en avion.
10. Vous… tout droit dans cette rue.

I à toi de choisir!

Complète chaque phrase avec la forme correcte du verbe *avoir*, *être*, *faire* ou *aller*!

1. Vous … toujours en retard!
2. En été, nous … du camping.
3. Qui … à la party en auto?
4. Nous … un test? Quelle vie!
5. Il … toujours froid en hiver.
6. Non! Tu n'… pas raison!
7. Vous n'… pas chez le coiffeur à bicyclette?
8. Je … souvent nerveux avant un test.

J quel verbe? quelle forme?

De la liste, choisis un verbe logique et donne sa forme correcte!

échanger, commencer, acheter, travailler, quitter, finir, choisir, vendre, attendre, répondre

1. D'habitude, je … la maison à 8 h 30.
2. Est-ce que tu … quelque chose pour l'anniversaire de ton frère?
3. Nous … souvent des lettres.
4. Qui … au téléphone?
5. Hourra! Cette classe … bientôt!
6. Tu … ta bicyclette? C'est combien?
7. Il … de bons livres à la bibliothèque.
8. Youppi! Nous … notre voyage demain!
9. Nous … l'autobus devant l'école.
10. Est-ce que vous … dans le magasin de vos parents?

K ah, les adjectifs!

Fais des phrases au singulier et au pluriel. Utilise tous les adjectifs!
1. tourtière/bon
   ▶ *Cette tourtière est bonne. Ces tourtières sont bonnes.*
   ▶ *C'est une bonne tourtière. Ce sont de bonnes tourtières.*
2. ville / grand, canadien, beau
3. exercice / facile, ennuyeux, nouveau
4. fille / nerveux, intelligent, fatigué
5. hôtel / petit, confortable, joli
6. idée / drôle, fou, idiot
7. journal / disponible, bon, intéressant

L encore des adjectifs!

Donne la forme correcte de l'adjectif avec tous les noms!

joli / parapluie ▶ *le joli parapluie*

1. beau / magnétoscope, patins, ordinateur, piscine
2. heureux / famille, garçons, professeur, copines
3. premier / voyage, questions, films, saison
4. favori / choix, aventure, cadeaux, villes
5. blanc / maison, lacets, statues, frigo
6. tout / exercice, goûter, réponses, soirs

M un, c'est tout!

Mets chaque phrase au singulier!
1. Ils ont de petites voitures.
   ▶ *Il a une petite voiture.*
2. Ce sont de bons choix.
3. Quels beaux hôtels!
4. Ces enfants mangent toujours!
5. Ces disputes sont idiotes!
6. Mes nouveaux amis ont raison.
7. Les autres élèves sont d'accord.
8. Tous ces exercices sont fous!

N c'est beaucoup!

Mets chaque phrase au pluriel!
1. C'est une belle plage.
   ▶ *Ce sont de belles plages.*
2. Cette élève est nerveuse.
3. Elle a une bonne réponse.
4. Je mange tout le gâteau.
5. Il achète un journal canadien.
6. Tu réponds au professeur?
7. Je commence cette question.
8. Quel exercice ennuyeux!

O mais non!

Mets chaque phrase à la négative avec *ne… pas*, *ne… jamais* et *ne… rien*!

1. Je donne.
   ▶ *Je ne donne pas.*
   ▶ *Je ne donne jamais.*
   ▶ *Je ne donne rien.*
2. Il attend.
3. Nous finissons.
4. Elles gagnent.
5. Tu étudies.
6. J'écoute.
7. Nous commençons.
8. Vous mangez.

P au contraire!

Mets chaque phrase à la négative avec *ne … jamais*!

1. Il va au cinéma.
   ▶ *Il ne va jamais au cinéma.*
2. Il neige.
3. Elle a raison.
4. Nous sommes en retard.
5. Il est nerveux.
6. Ils achètent des chocolats.
7. Il y a du lait dans le frigo.
8. Nous avons de l'argent.
9. Ils font une pizza.
10. Mme Gagnon donne de la glace à ses enfants.

Q les questions négatives

Pose une question négative pour chaque réponse!

1. Mais si, nous avons du pain!
   ▶ *Vous n'avez pas de pain?*
2. Mais si, j'achète souvent des bonbons!
   ▶ *Tu n'achètes jamais de bonbons?*
3. Mais si, il y a de la moutarde!
4. Mais si, il fait souvent des sandwichs!
5. Mais si, je porte un chapeau!
6. Mais si, elles donnent souvent de l'argent à Marie!
7. Mais si, nous mangeons souvent de la salade!
8. Mais si, il y a de l'oignon sur la pizza!

R à chaque réponse, sa question!

Pose une question pour chaque réponse!

1. Non, je n'aime pas les champignons.
2. Je cherche mes photos.
3. La maison des Martin est près du centre d'achats.
4. Je vais à l'école à pied.
5. Mon père est grand et beau.
6. Nous travaillons tous les vendredis.
7. J'ai vingt dollars.
8. Mais si, je rentre après les classes!
9. Le concert finit à 11 h 00.
10. Je ne réponds pas à toutes ces questions parce qu'elles sont difficiles.

grammaire

1 les adjectifs réguliers

| masculin | | féminin | |
singulier	pluriel	singulier	pluriel
autre*	autres	autre	autres
brun	bruns	brune	brunes
cassé	cassés	cassée	cassées
grand*	grands	grande	grandes
gris	gris	grise	grises
joli*	jolis	jolie	jolies
malade	malades	malade	malades
petit*	petits	petite	petites
sensass†	sensass	sensass	sensass
sympa†	sympa	sympa	sympa

2 les adjectifs irréguliers

| masculin | | féminin | |
singulier	pluriel	singulier	pluriel
beau* (bel•)	beaux	belle	belles
blanc	blancs	blanche	blanches
bon*	bons	bonne	bonnes
canadien	canadiens	canadienne	canadiennes
ce* (cet•)	ces	cette	ces
délicieux◆	délicieux	délicieuse	délicieuses
favori	favoris	favorite	favorites
fou	fous	folle	folles
nouveau* (nouvel•)	nouveaux	nouvelle	nouvelles
premier*	premiers	première	premières
quel*	quels	quelle	quelles
tout*	tous	toute	toutes

* précède le nom
† invariable
• devant une voyelle ou un «h» muet
◆ comme *délicieux*: *ennuyeux, heureux, nerveux*

3 les adjectifs possessifs

masculin		féminin	
singulier	**pluriel**	**singulier**	**pluriel**
mon copain	*mes* copains	*ma* copine	*mes* copines
ton copain	*tes* copains	*ta* copine	*tes* copines
son copain	*ses* copains	*sa* copine	*ses* copines
notre copain	*nos* copains	*notre* copine	*nos* copines
votre copain	*vos* copains	*votre* copine	*vos* copines
leur copain	*leurs* copains	*leur* copine	*leurs* copines

attention!
Devant une voyelle ou un «h» muet, utilise la forme masculine: *mon* amie, *ton* idée, *son* auto.

4 l'article défini

masculin		féminin	
singulier	**pluriel**	**singulier**	**pluriel**
le magasin	les magasins	la dispute	les disputes
l'ordinateur	les ordinateurs	l'aventure	les aventures

5 l'article indéfini

masculin		féminin	
singulier	**pluriel**	**singulier**	**pluriel**
un fleuve	des fleuves	une question	des questions
un hôtel	des hôtels	une épicerie	des épiceries

attention!
Voici de belles photos!
Tu as d'autres idées?

Quand un adjectif précède un nom au pluriel, utilise *de* (*d'*).

6 l'article partitif

masculin	féminin
du pain	de la viande
de l'argent	de l'eau

7 l'expression *y*

– Est-ce qu'elle va *à Paris*?
– Oui, elle *y* va en été.

– Quand est-ce que tu vas *chez le dentiste*?
– J'*y* vais à onze heures.

L'expression *y* = une préposition de lieu + un nom.

8 la négation

ne ... pas (de/d')

phrases affirmatives

Je travaille demain.
Ces élèves étudient.
Il achète un magnétoscope.
Je commande une pizza.
Elles font des biscuits.
Nous avons du lait.
Ils vendent de la glace.
Il y a de l'eau sur la table.
C'est une comédie.
Nous aimons les sports.

phrases négatives

Je ne travaille pas demain.
Ces élèves n'étudient pas.
Il n'achète pas de magnétoscope.
Je ne commande pas de pizza.
Elles ne font pas de biscuits.
Nous n'avons pas de lait.
Ils ne vendent pas de glace.
Il n'y a pas d'eau sur la table.
Ce n'est pas une comédie.*
Nous n'aimons pas les sports.†

ne ... jamais (de/d')

phrases affirmatives

Les profs sont sévères.
Elle fait souvent des devoirs.
J'ai toujours de l'argent.
Il y a un test vendredi.

phrases négatives

Les profs ne sont jamais sévères.
Elle ne fait jamais de devoirs.
Je n'ai jamais d'argent.
Il n'y a jamais de test vendredi.

à l'affirmative	
verbe +	un une des du de la de l'

à la négative
ne + verbe + pas / jamais + de (d')

* Après le verbe *être*, l'article ne change jamais à la négative.
† L'article défini ne change jamais après un verbe à la négative.

ne ... rien

questions

Tu achètes quelque chose ici?
Qu'est-ce que vous faites?
Qu'est-ce qu'il y a à la télé?

réponses

Non, je n'achète rien ici.
Nous ne faisons rien, maman!
Il n'y a rien à la télé.

attention!

•– Alors, tu n'aimes pas les sports?
  – *Si!* J'adore le tennis et le hockey!

•– Zut! Nous n'avons rien pour le dessert!
  – Mais *si!* Il y a un gâteau délicieux!

Utilise l'expression *si* dans une réponse affirmative à une question négative ou à une phrase négative.

9 les nombres

0	zéro	11	onze	21	vingt et un	80 quatre-vingts
1	un (une)	12	douze	22	vingt-deux	81 quatre-vingt-un
2	deux	13	treize	31	trente et un	82 quatre-vingt-deux
3	trois	14	quatorze	32	trente-deux	90 quatre-vingt-dix
4	quatre	15	quinze	41	quarante et un	91 quatre-vingt-onze
5	cinq	16	seize	42	quarante-deux	92 quatre-vingt-douze
6	six	17	dix-sept	51	cinquante et un	100 cent
7	sept	18	dix-huit	52	cinquante-deux	101 cent un
8	huit	19	dix-neuf	61	soixante et un	102 cent deux
9	neuf	20	vingt	62	soixante-deux	
10	dix			70	soixante-dix	
				71	soixante et onze	
				72	soixante-douze	

10 le pluriel des noms

singulier	pluriel
un copain	des copains
une lettre	des lettres
une auto	des autos
une party	des partys
une pizza	des pizzas
un sandwich	des sandwichs
un autobus	des autobus
un choix	des choix
un bureau	des bureaux
un journal	des journaux
une bande dessinée	des bandes dessinées
un bureau de poste	des bureaux de poste
un centre d'achats	des centres d'achats
une chambre à coucher	des chambres à coucher
un film d'aventure	des films d'aventure
un film romantique	des films romantiques
un grand magasin	des grands magasins
une grand-maman	des grands-mamans
une grand-mère	des grands-mères
un magasin de disques	des magasins de disques
un magasin vidéo	des magasins vidéo
une pomme de terre	des pommes de terre
une salle à manger	des salles à manger
une salle de classe	des salles de classe
un sandwich sous-marin	des sandwichs sous-marin

attention!

monsieur et madame Bouchard ⟶ les Bouchard

11 la préposition *à*

Nous arrivons à Vancouver demain.
Le test commence à neuf heures cinq.
Victor donne un livre à Hugo.
Janine montre des photos à Marielle.

Denise parle souvent à ses copines.
Monsieur Cardin téléphone à madame Chanel.
Je réfléchis à ma réponse.
Qui répond à cette question?

12 la préposition *à* et l'article défini

Nous allons au cinéma ce soir.
Mes parents parlent au dentiste.
Qui répond au téléphone?
Les touristes dînent à l'hôtel.
Alors, tu donnes ton billet à l'employé?
Je réfléchis à l'idée de Paul.

Est-ce que ta soeur travaille à la pharmacie?
Je ne montre pas mes devoirs à la directrice.
Tu ne réponds pas à la question?
Nous allons aux grands magasins aujourd'hui.
Le directeur parle aux élèves.
Les élèves répondent aux questions.

attention!

à + le → au   à + les → aux

13 la préposition *de*

J'achète la guitare de mon ami.
La raquette de Martine est cassée!
Demain, c'est l'anniversaire d'Édouard.

Nous visitons les Plaines d'Abraham.
Mes grands-parents sont de Calgary.
Est-ce que tu es d'ici?

14 la préposition *de* et l'article défini

Hélène est dans le bureau du sous-directeur.
La librairie est à côté du grand magasin.
Je cherche les devoirs de l'élève.
Leur maison est près de l'océan.

Je n'ai pas l'adresse de la fille.
La pharmacie est à côté de la boulangerie.
Il y a une party dans la salle des professeurs.
Monsieur Grenier attache les lacets des patins.

attention!

de + le → du   de + les → des

15 les pronoms

•– Qu'est-ce que Nicole vend?
– Elle vend des journaux.
•– Est-ce que Jean-Paul a une guitare?
– Bien sûr! Il a deux guitares!
•– Qu'est-ce que Jean et Louis font?
– Ils font de la natation.
•– Comment sont Rose et Marie?
– Elles sont vraiment belles!
•– Où est-ce que Luc et Lucie vont?
– Ils vont à la bibliothèque.

•– Ce documentaire est intéressant?
– Mais non! Il est très ennuyeux!
•– Où est la pharmacie?
– Elle est près de la pizzeria.
•– Tu attends quelqu'un?
– Oui, j'attends mon copain.
•– Vous aimez le tennis, madame?
– Oui, je joue souvent au tennis.
•– Vous avez faim, les enfants?
– Et comment! Nous avons soif aussi!

16 les questions

l'intonation

Tu parles français? ↗

Ce sont leurs amis? ↗

Elles vont au stade? ↗

est-ce que (est-ce qu')

Est-ce que tu parles français?

Est-ce que ce sont leurs amis?

Est-ce qu'elles vont au stade?

les expressions interrogatives

questions	réponses
À quelle heure commence le match?	Il commence à quatre heures.
À qui est-ce qu'elle téléphone?	Elle téléphone à Paul.
Combien de soeurs est-ce qu'il a?	Il a trois soeurs.
Comment t'appelles-tu?	Je m'appelle Max.
Comment sont les plages?	Elles sont très belles!
Comment est-ce qu'ils rentrent?	Ils rentrent à bicyclette.
De quelle couleur est la moto?	Elle est noire.
Est-ce que Marc aime ces films?	Oui, il adore les comédies!
Est-ce qu'il y a des bananes?	Non, il n'y a pas de bananes.
Est-ce qu'il n'y a pas de glace?	Si, il y a de la glace!
Où est le pain?	Il est sur le comptoir.
Pourquoi est-ce que tu es triste?	Parce que je n'ai pas d'argent!
Quand est-ce que tu vas à Paris?	J'y vais au printemps.
Quel âge a ta grand-mère?	Elle a soixante-douze ans.
Quelle heure est-il?	Il est minuit!
Qu'est-ce que M. Grenier achète?	Il achète de nouveaux patins.
Qu'est-ce qu'Hélène cherche?	Elle cherche le journal.
Qui a un magnétoscope?	Robert a un magnétoscope.

17 les verbes irréguliers

aller	avoir	être	faire
je vais	j'ai	je suis	je fais
tu vas	tu as	tu es	tu fais
il va	il a	il est	il fait
elle va	elle a	elle est	elle fait
nous allons	nous avons	nous sommes	nous faisons
vous allez	vous avez	vous êtes	vous faites
ils vont	ils ont	ils sont	ils font
elles vont	elles ont	elles sont	elles font

18   les verbes réguliers

les verbes en -*er*

parler	**acheter**	**commencer**	**manger***
je parl**e**	j'ach**è**te	je commence	je mange
tu parl**es**	tu ach**è**tes	tu commences	tu manges
il parl**e**	il ach**è**te	il commence	il mange
elle parl**e**	elle ach**è**te	elle commence	elle mange
nous parl**ons**	nous achetons	nous commen**ç**ons	nous mang**e**ons
vous parl**ez**	vous achetez	vous commencez	vous mangez
ils parl**ent**	ils ach**è**tent	ils commencent	ils mangent
elles parl**ent**	elles ach**è**tent	elles commencent	elles mangent

* comme *manger*:
échan*ger*, ran*ger*

les verbes en -*ir*

finir*	**les verbes en -*re***
	vendre*
je fin**is**	je vend**s**
tu fin**is**	tu vend**s**
il fin**it**	il vend
elle fin**it**	elle vend
nous fin**issons**	nous vend**ons**
vous fin**issez**	vous vend**ez**
ils fin**issent**	ils vend**ent**
elles fin**issent**	elles vend**ent**
* comme *finir*:	* comme *vendre*:
chois*ir*, réfléch*ir*	attend*re*, répond*re*

19   les verbes et les prépositions

Je <u>vais à</u> Moncton.
Richard <u>va chez</u> le coiffeur.
Nous <u>donnons</u> un cadeau <u>à</u> papa.
Est-ce qu'elle <u>montre</u> les photos <u>à</u> Marielle?
Je ne <u>parle</u> pas <u>à</u> monsieur Laval.
Serge <u>parle avec</u> son frère.
Ils <u>réfléchissent à</u> la réponse.
Qui <u>répond à</u> la lettre de grand-papa?
Elles ne <u>répondent</u> pas <u>à</u> Henri.
Nous <u>répondons à</u> maman.
Tu <u>téléphones à</u> la pizzeria?

vocabulaire

A

à at; in; to; **à bicyclette** by bicycle; **à droite** (to/on the) right; **à gauche** (to/on the) left; **à la maison** at home; **à la télé** on TV; **à l'intérieur** inside; **à moto** by motorcycle; **à pied** on foot; **à suivre** to be continued
à bientôt! see you soon!
l'Acadie *f.* Acadia
les Acadiens *m.* Acadians
à côté de next door to; beside
un acte d'allégeance act of allegiance
à demain! see you tomorrow! until tomorrow!
acheter to buy
adorer to adore
une adresse address
un aéroport airport
un âge: quel âge as-tu? how old are you?
aimer to like; **aimer mieux** to prefer, to like better
à la prochaine! see you next time! until next time!
l'Alberta *m.* Alberta
aller to go; **allons-y!** let's go! **vas-y!** go ahead!
allô! hello! *(on the telephone)*
alors so; then
l'Amérique du Nord *f.* North America
un ami, une amie friend
l'amour *m.* love
amusant entertaining; **c'est amusant** it's fun
un an year; **l'an mil six cent trente-cinq** 1635
l'anglais *m.* English (language)
l'Angleterre *f.* England
une année year
un anniversaire birthday
un annonceur announcer
une anse cove; **l'Anse-au-Foulon** *former name of Wolfe's Cove*

août August
un appartement apartment
s'appeler to be called, to be named; **je m'appelle ...** my name is ...
après after; afterwards; **après les classes** after school
l'argent *m.* money
une armée army
arriver to arrive
un artiste, une artiste artist
assez enough
un astronaute, une astronaute astronaut
attacher to tie, to attach
attendre to wait (for)
attention! watch out! be careful!
attraper to catch
augmenter (de) to increase (by)
aujourd'hui today
au revoir good-bye
au secours! help!
aussi also, too
une auto car; **en auto** by car
un autobus bus; **en autobus** by bus
un autographe autograph
l'automne *m.* fall, autumn; **en automne** in (the) fall
autre other
avant before
avec with
une avenue avenue
une aventure adventure
un avion airplane; **en avion** by plane
avoir to have; **avoir ... ans** to be ... (years old); **avoir de la chance** to be lucky; **avoir faim** to be hungry; **avoir les cheveux ...** to have ... hair; **avoir les yeux ...** to have ... eyes; **avoir mal aux pieds** to have sore feet; **avoir soif**

to be thirsty
avril April

B

une baie bay
une banane banana
une bande dessinée comic book
une banque bank
le basket-ball basketball
une bataille battle
un bateau boat; **en bateau** by boat; **des bateaux de pêche** fishing boats
beau (bel), belle beautiful, pretty, handsome
beaucoup very much; **beaucoup de** a lot of
une bibliothèque library
une bicyclette bicycle; **à bicyclette** by bicycle
bien well; **ça va bien** I'm fine
bien sûr! of course! sure!
bientôt soon; **à bientôt!** see you soon!
bien trop cher much too expensive
bienvenue (à ...)! welcome (to ...)!
bilingue bilingual
un billet ticket
un biscuit cookie
blanc, blanche white
bleu, bleue blue
blond, blonde blond
une blouse blouse
bon, bonne good; **bon anniversaire!** happy birthday! **bon appétit!** enjoy your meal! **bonne chance!** good luck! **bonne fête!** happy birthday! **bon voyage!** enjoy your trip!
un bonbon candy
bonsoir good evening
une boulangerie bakery,

bakeshop

un boulevard boulevard

bravo! hooray! well done!

britannique British

brun, brune brown

un bureau desk; office; **un bureau de poste** post office

un but goal

C

ça it, that; **ça, c'est le comble!** that does it! that's the last straw! **ça coûte cher** it/that is expensive; **ça fait …** that makes/costs …; **ça va?** how are you? **ça va bien** I'm fine, things are going well; **ça va mal** things are going badly

un cadeau gift, present

le café coffee

une cafétéria cafeteria

un cahier notebook, workbook

une calculatrice calculator

un camion truck

une camionnette van

le Canada Canada; **au Canada** to/in Canada

canadien, canadienne Canadian

un canot canoe; **en canot** by canoe

un capitaine captain

une carte card; map; **une carte postale** postcard

cassé, cassée broken

une cassette cassette

un castor beaver

ce (cet), cette, ces this, that; these, those

cent one hundred

un centre d'achats shopping centre

des céréales *f.* cereal

c'est: c'est ça! that's right! **c'est combien?** how much is it/that? **c'est dommage!** that's too bad! **c'est quand, …?** when is …? **c'est tout?** is that all?

certainement of course, certainly

une chaise chair

un chalet cottage

une chambre (à coucher) bedroom

un champignon mushroom

un championnat championship

un chandail sweater

une chanson song

un chapeau hat

chaque each

un chat cat

un chef leader, chief

une chemise shirt

chercher to look for

les cheveux *m.* hair

chez to/at the house/place of; **chez elle/lui/moi/nous/toi** to/at her/his/my/our/your house/place; **chez les Duval** to/at the Duvals' house/place; **chez le coiffeur** at the barber's

un chien dog

un chocolat chocolate

choisir to choose

un choix choice

chouette great, cute

un cinéma movie theatre

une classe class

un coca cola

un coiffeur barber

une collection collection

collectionner to collect

une colline hill

la Colombie Britannique British Columbia

un colon settler, colonist

combien (de) how much, how many; **c'est combien?** how much is it/that? **combien est-ce que tu mesures?** how tall are you? **combien font 72 et 39?** how much are 72 and 39?

une comédie comedy

un comédien comedian

commander to order *(food)*

comme: comme ça like this/that; this/that way; **comme ci, comme ça** so-so

commencer to begin, to start

comment how; **comment est/sont …?** what is/are … like? how is/are …? **comment t'appelles-tu?** what is your name? **et comment!** and how!

un comptoir counter

un comte count

un conducteur driver

la confiance confidence

confortable comfortable

construire to build, to construct

content, contente happy, glad

continuer to continue

contre against

un copain, une copine friend, pal

une côte coast

une couleur colour; **de quelle couleur est …?** what colour is …?

un coureur de bois "runner of the woods"

court short

une craie piece of chalk

un crayon pencil

une créature creature

une croix cross

une cuisine kitchen

un cyclomoteur moped

D

d'abord first, first of all

d'accord all right, okay

une danse dance

danser to dance

dans in

la date date; **quelle est la date aujourd'hui?** what is the date today?

de of; from

de l', de la, du some, any

décembre December

le déjeuner lunch; ♣ breakfast

délicieux, délicieuse delicious

demain tomorrow

demander to ask (for)

un dentiste dentist

depuis since; **est ... depuis 1713** has been ... since 1713

de rien you're welcome

derrière behind

un **désastre** disaster

désirer: vous désirez? may I help you?

le **dessert** dessert

le **dessin** art

détester to hate, to detest

devant in front of

les **devoirs** *m.* homework

d'habitude usually

difficile hard, difficult

dimanche Sunday

dîner to have dinner

le **dîner** dinner, supper; ♣ lunch

un **directeur,** une **directrice** principal

les **directions** *f.* directions

disponible available

une **dispute** argument

un **disque** record

dit says

diviser (en) to divide (into)

un **docteur** doctor

un **documentaire** documentary (movie)

dominer to dominate

donner to give

drôle funny

durer to last

E

l'**eau** *f.* water

échanger to exchange

éclater to break out

une **école** school

économique economical

écouter to listen (to)

l'**éducation physique** *f.* physical education

une **église** church

eh bien well then

un **éléphant** elephant

un **élève,** une **élève** student

elle she; it; **elles** they

émigrer to emigrate

une **émission** program *(on TV or radio)*

un **employé,** une **employée** employee

en by; in; to; **en auto** by car; **en autobus** by bus; **en automne** in (the) fall; **en avion** by plane; **en avril** in April; **en bateau** by boat; **en canot** by canoe; **en été** in (the) summer; **en Europe** to/in Europe; **en France** to/in France; **en hiver** in (the) winter; **en l'honneur de** in honour of; **en métro** by subway; **en taxi** by taxi; **en train** by train; **en ville** in town; downtown; **en voiture** by car

en bons amis like good friends

encore again

un **enfant,** une **enfant** child

enfin finally, at last

ennuyeux, ennuyeuse boring

entre between; **entre nous** between us

entrer to come/go in, to enter

une **épicerie** grocery store

une **équipe** team

ériger to set up, to erect

une **escalade** climbing, scaling

un **esprit curieux** an inquiring mind

et and; **et comment!** and how!

l'**été** *m.* summer; **en été** in (the) summer

être to be; **être d'accord** to agree; **être en retard** to be late; **je suis là...** I'll be there...

un **étudiant** student

l'**Europe** *f.* Europe

un **évêque** bishop

excité, excitée excited

un **exercice** exercise

une **exposition de voitures** automotive show

F

fâché, fâchée angry

facile easy

faire to do; to make; to be *(of weather)*; **faire de la natation** to swim; **faire des achats** to shop, to do some shopping; **faire des échanges** to trade; **faire du camping** to camp, to go camping; **faire du ski** to ski, to go skiing; **faire la paix** to make peace; **faire la traite** to trade; **faire l'escalade de** to climb, to scale; **faire un voyage** to take a trip; **il fait beau** it's nice; **il fait chaud** it's hot; **il fait clair** it's clear; **il fait du soleil** it's sunny; **il fait du vent** it's windy; **il fait frais** it's cool; **il fait froid** it's cold; **il fait mauvais** it's terrible; **il fait sombre** it's overcast

une **falaise** cliff

une **famille** family

fanatique fanatical

fantastique fantastic

fatigué, fatiguée tired

fauché, fauchée broke, without money

faux false; **vrai ou faux?** true or false?

favori, favorite favourite

un **fermier** farmer

féroce fierce

février February

une **fille** daughter; girl

un **film** movie, film; **un film d'aventure** adventure movie; **un film de science-fiction** science fiction movie; **un film d'horreur** horror movie; **un film romantique** romance (movie)

un **fils** son

la **fin** (the) end

finir to finish

un **fleuve** river; **le fleuve Saint-Laurent** the St.

Lawrence River
une fois par an once a year
un fondateur founder
fonder to found, to establish
une forêt forest
formidable great, terrific
fort, forte strong
une forteresse fortress
fou, folle crazy
une fourrure fur
le français French (language)
les Français *m.* the French (people)
la France France; **en France** to/in France
un frère brother
un frigo refrigerator
des frites *f.* French fries
froid cold; **le froid** (the) cold
le fromage cheese
les fruits de mer *f.* seafood

G

gagner to win
un garage garage
un garagiste (garage) mechanic
garantir to guarantee
un garçon boy
garder to keep, to retain
un gâteau cake
un genre type
la géographie geography
la glace ice cream
un golfe gulf; **le golfe du Saint-Laurent** the Gulf of St. Lawrence
une gomme eraser
un goûter snack
un gouverneur governor
grand, grande big; tall
un grand magasin department store
grand-maman grandma
une grand-mère grandmother
grand-papa grandpa
un grand-père grandfather
les grands-parents *m.* grandparents
gris, grise grey
une guerre war; **la Guerre de**

sept ans the Seven Years' War
un guide guide; guidebook
une guitare guitar
un gymnase gymnasium

H

un habitant settler
une habitation house, dwelling, residence
habiter to live; **habiter à Paris** to live in Paris; **habiter 93, rue Talon** to live at 93 Talon Street; **habiter dans un appartement/une maison** to live in an apartment/a house
un hamburger hamburger
une heure hour; **il est une heure** it's one o'clock; **une heure cinq** 1:05; **une heure et quart** 1:15; **une heure et demie** 1:30; **deux heures moins le quart** 1:45; **deux heures moins dix** 1:50
heureusement fortunately
heureux, heureuse happy
l'histoire *f.* history
l'hiver *m.* winter; **en hiver** in (the) winter
le hockey hockey
horrible horrible
un hôtel hotel
les Hollandais *m.* the Dutch (people)
un homme man
un hôpital hospital
hourra! hooray!

I

ici here; **d'ici** from here
une idée idea
idiot, idiote stupid, crazy
il he, it; **ils** they
une île island; **l'île-du-Prince-Édouard** Prince Edward Island; **l'île Royale** *former name of Cape Breton Island;* **l'île Saint-Jean** *former name*

of Prince Edward Island
il n'y a pas de quoi you're welcome
il y a there is/are
imbécile! (you) dummy!
incroyable unbelievable, incredible
indien, indienne Indian
un insecte insect
intelligent, intelligente intelligent
un intendant administrator, intendant
intéressant, intéressante interesting
une interview interview
inviter to invite

J

janvier January
jaune yellow
je I; **je comprends!** I understand! **je regrette** I'm sorry
les jeans *m.* jeans
jeudi Thursday
un Jésuite Jesuit priest
la joie joy; **la joie de vivre** joy of life
jouer to play; **jouer au hockey/au tennis** to play hockey/tennis
un jour day; **les jours de la semaine** the days of the week
un journal newspaper
juillet July
juin June
une jupe skirt
le jus juice
jusqu'à until

K

le ketchup ketchup

L

l' , la, le, les the
là there; **je suis là...** I'll be there...; **là-bas** over

there

un lac lake

un lacet lace

le lait milk

la laitue lettuce

une langue language

lent slow

lentement slowly

une lettre letter

leur, leurs their

une librairie bookstore

une liste list

un livre book

loin far (away)

louer to rent; **loué(e)** rented

la Louisiane Louisiana

lundi Monday

M

madame (Mme) Mrs.

mademoiselle (Mlle) Miss

un magasin store; **un grand magasin** department store; **un magasin de disques** record store; **un magasin de sports** sports store; **un magasin vidéo** video store

un magazine magazine

un magnétophone tape recorder

un magnétoscope video cassette recorder

magnifique wonderful, magnificent

mai May

maintenant now

mais but

une maison house

malade sick, ill

malgré in spite of, despite

maman mom

manger to eat

le Manitoba Manitoba

marcher to walk; to go, to run, to work (of a machine)

mardi Tuesday

marquer (un but, un point) to score (a goal, a point)

mars March

un match (de soccer) (soccer) game

les mathématiques f. **(les maths)** mathematics (math)

une matière subject

la mayonnaise mayonnaise

un médecin doctor

le meilleur, la meilleure the best

merci thank you

mercredi Wednesday

une mère mother

un message message

mesurer: mesurer … cm to be … cm tall; **mesurer dix mètres de long** to be ten metres long

le métro subway; **en métro** by subway

midi m. noon, 12 o'clock; **midi et demi** 12:30

minuit m. midnight, 12 o'clock; **minuit et demi** 12:30

une minute minute

un missionnaire missionary

moi me

moins less, minus; **combien font 83 moins 27?** how much are 83 minus 27? **il est deux heures moins dix** it's ten to two

un mois month

mon, ma, mes my

monsieur (M.) Mr.; sir

une montre watch

montrer to show

un morceau (des morceaux) piece

la mort death

une moto(cyclette) motorcycle; **à moto** by motorcycle

une motoneige snowmobile; **en motoneige** by snowmobile

un moulin à vent windmill

la moutarde mustard

la musique music

N

la natation swimming

naturellement of course, naturally

un navire ship

ne: ne … pas not; **ne … plus** no longer, not … any more; **ne … jamais** never, not … ever; **ne … rien** nothing, not … anything; **n'est-ce pas?** don't you? isn't it so?

nécessaire necessary

négocier to negotiate

neiger: il neige it's snowing, it snows

nerveux, nerveuse nervous

noir, noire black

nommer to name, to call; **nommé(e)** named, called

non no

notre, nos our

nous we; **nous lisons** we read; **lisons!** let's read!

nouveau (nouvel), nouvelle new

le Nouveau-Brunswick New Brunswick

la Nouvelle-Écosse Nova Scotia

la Nouvelle-France New France

les nouvelles f. (the) news

novembre November

la nuit night

un numéro de téléphone telephone number

O

occupé, occupée busy

un océan ocean

octobre October

oh là là! wow!

un oignon onion

un oncle uncle

l'Ontario m. Ontario

l'or m. gold; **"l'or des fous"** fools' gold

ordinaire ordinary

un ordinateur computer

l'Orient *m.* the Orient, the East

où where

oui yes

P

le pain bread

la paix peace

un pantalon trousers, slacks, pants

papa dad

par by

un parapluie umbrella

une parcelle de terre plot of land

parce que because

pardon? pardon?

un parent parent

parler (à, avec) to speak, to talk (to, with); **parler anglais/français** to speak English/ French; **tu parles!** you're kidding!

une partie part

une party party

pas: pas de problème! no problem! **pas du tout!** not at all! **pas mal** not bad

passer to pass, to spend *(time)*; **nous passons le temps** we pass the time; **passer par** to go through

un patin skate; **des patins à roulettes** roller skates

patiner to skate

un pays country

pendant during

pénible annoying, irritating; **il est pénible!** he's a pain!

la péninsule de Gaspé the Gaspé Peninsula

le pepperoni pepperoni

un père father

petit, petite little, small

le petit déjeuner breakfast

une pharmacie drugstore

une photo photo

un pied: à pied on foot

un pilote pilot

le Ping-Pong Ping-Pong

une piscine swimming pool

une pizza pizza

une pizzeria pizzeria

une plage beach

les Plaines d'Abraham *f.* the Plains of Abraham

plaisanter: tu plaisantes! you're kidding!

pleuvoir: il pleut it's raining, it rains

plus tard later

un poisson fish

une pomme de terre potato

une porte door; **la porte fait ''clac''** the door goes ''bang''

porter to wear

un poster poster

un poulet chicken

pour for; **pour aller à …?** can you tell me the way to …? how do I get to …?

pourquoi? why? **pourquoi pas?** why not?

pratique practical

premier, première first; **le premier juin** June (the) first **près de** near

le printemps spring; **au printemps** in (the) spring

un professeur teacher

une province province

puis then, next

un pupitre (pupil's) desk

Q

quand when; **c'est quand, …?** when is …?

le Québec Quebec (province)

quel, quelle which, what; what (a, an); **quelle heure est-il?** what time is it? **quel temps fait-il?** what's the weather like? **quelle idée!** what an idea!

quelque chose something

quelqu'un somebody, someone

qu'est-ce que what; **qu'est-ce que c'est?** what is it/that?

une question question

qui who

quitter to leave

quoi? what?

R

une radio radio

une raison reason

raisonnable fair, reasonable

ranger to straighten (up), to tidy

rapide fast

rapporter to bring/take back

une raquette racquet; **une raquette de tennis** tennis racquet

réfléchir (à) to think (about)

regarder to watch; to look at

une règle ruler

une religieuse nun

un remède cure, remedy

rencontrer to meet

rentrer to come/go home

un repas meal

répondre to answer

une réponse answer

un restaurant restaurant

des richesses *f.* riches

un rire laugh

une rive shore

une robe dress

un roi king

les Rocheuses *f.* the Rocky Mountains, the Rockies

le rosbif roast beef

rouge red

roux, rousse red; **les cheveux roux** red hair

une route route; **une route de commerce** trade route

une rue street

S

une saison season

une salade salad

sage good *(well-behaved)*

une salle room; **une salle à manger** dining room; **une salle de bains** bathroom; **une salle de classe**

classroom; **une salle des professeurs** staff room
un **salon** living room
salut! hi!
samedi Saturday
un **sandwich** sandwich; **un sandwich sous-marin** submarine sandwich
sans without
la **Saskatchewan** Saskatchewan
les **sciences** *f.* science
le **scorbut** scurvy
une **seconde** second
un **seigneur** lord
une **semaine** week
sensass great, terrific
septembre September
seulement only
sévère strict
si if; yes; so
le **ski** skiing
le **soccer** soccer
une **soeur** sister
un **soir** evening
une **soirée** evening; night; **la soirée des parents** parents' night
son, sa, ses his, her; its
des **souliers** *m.* shoes
la **soupe** soup
une **souris** mouse
sous under
un **sous-directeur, une sous-directrice** vice-principal
souvent often
un **sport** sport
un **stade** stadium
un **stéréo** stereo
un **stylo** pen
suite et fin conclusion
un **supermarché** supermarket
sur on; **sur place** on the spot
une **surprise** surprise
sympa likeable, kind, nice

T

un **T-shirt** T-shirt
une **table** table
une **tante** aunt
un **taxi** taxi; **en taxi** by taxi

un **télécouleur** colour TV set
la **télé(vision)** television, TV; **à la télé** on TV
un **téléphone** telephone; **au téléphone** on the telephone
téléphoner (à) to telephone
le **temps** time; **je n'ai pas de temps** I don't have any time; **passer le temps** to pass the time
un **test** test
Terre-Neuve *f.* Newfoundland
tiens! hey! look!
un **timbre** stamp
tirer to pull
des **toasts** *m.* toast
toi you
une **tomate** tomato
tomber to fall
ton, ta, tes your
toujours always, all the time
un **tourne-disque** record player
une **tourtière** meat pie
tout, toute all; every; whole, entire; **tout à coup** all of a sudden, suddenly; **tout de suite** right away; **tout droit** straight ahead; **tout le monde** everybody, everyone
un **train** train; **en train** by train
la **traite des fourrures** the fur trade
un **traité** treaty
travailler to work
traverser to cross
très very
triste sad
trop too much, too many
des **troupes** *f.* troops
trouver to find
tu you; **tu parles!** you're kidding! **tu plaisantes!** you're kidding!

U

un, une, des a, an, some

V

vas-y! go ahead!
un **vendeur, une vendeuse** salesperson
vendre to sell
vendredi Friday
le **vent** wind
vers about; to, toward
vert, verte green
des **vêtements** *m.* clothes, clothing
la **viande** meat
la **vie** life
une **ville** city; **en ville** in town; downtown
une **visite** visit
visiter to visit
vive: vive le français! hooray for French! **vive vendredi!** hooray for Friday!
voici here is/are
voilà there is/are
une **voiture** car; **en voiture** by car; **une voiture de sport** sports car
le **volley-ball** volleyball
votre, vos your
vous you
un **voyage** trip
vrai true; **vrai ou faux?** true or false?
vraiment really

W

un **week-end** weekend
un **western** western (movie)

Y

y there
les **yeux** *m.* eyes
youppi! yippee!

Z

zut! darn it!

index